JN231366

視点を変えて見てみれば

19歳からのキリスト教
- change your angle -

塩谷 直也

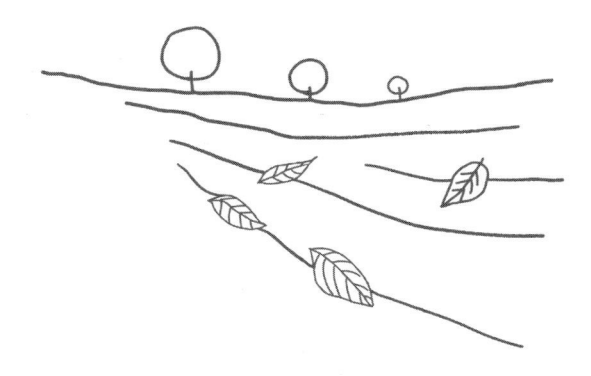

日本キリスト教団出版局

はじめに

　私は 19 歳を京都で迎えました。

　宮崎の高校を出て浪人が決まった 18 の春、京都の予備校に通って国立の医学部を受験しよう、と夢見ていました。しかし京都で定評のある予備校を受けたものの不合格。予備校から落とされるなんて予想もしなかった私はひどく落ち込みました。仕方なく別の予備校を受験し、どうにかそちらは合格。合格者名が書かれた掲示板の前で「よしっ！」とガッツポーズをとりました。大学に合格して喜んだのではありません。予備校に入れてもらって喜んだのです。高校を出て、この世界のどこにも属さない透明人間の私が、なんとか「所属」を与えてもらい、「この世界から消えかからずに済む！」と小躍りしていました。

　下宿と予備校を往復する生活が始まります。200 円のうどんを毎日すすり続け、夏から予備校を順調にサボるようになり、京都の町をジグザグにうろつくようになりました。深夜

のゲームセンターで電子音に包まれて新年を迎えました。子どもじゃないけど大人じゃない。周囲に迷惑かけっぱなし、なのに感謝の思いは全然ない。プライドは高く、実力は低く、悪いことはとりあえず他人のせいにする。壊れやすくてへこみやすい、けれど根拠のない自信が突如としてあふれ出す……と思えば次の瞬間、死にたくなる。

　気がつけば19歳です。

　毎日のように手紙を書いていました。そして返事を待っていました。若い皆さんが一心不乱にスマホで連絡を取っている姿を見ると、あの時の私と重なります。私も皆さんと同じく、ひとりぼっちの真夜中の海で溺れないよう、必死に手掛かり足掛かりを探ってもがいていました。A図のような感じでしょうか。

この絵柄は、どうも私の人生を通して変わりません。でも時を経て、それは似ているけれども少し違う絵柄になってきました。絵の中の一部が変更されたり、背景が変わったり、あったものが削除され、なかったものが追加されたからです。年月とともに私は自らの視点が、少しずつ変化していることに気づき始めます。今の私はB図のようです。

B

　もがいているのは19の頃と変わらないのですが、そのもがく海を大きな手で包み込む方がいると感じて漂っています。同じ「もがく」でも意味が決定的に違うのです。

　今回、このように「似ているけれど、どこかが違う絵」を交え、視点を変えてこの世界を見つめながら、キリスト教とその神学を論じます。

一度描かれた絵柄は変えられないかもしれません。しかし、その絵の色あいは変えられます。背景も、登場人物も変えられます。心や体の傷跡は生涯残ります。でも、その傷の意味は変えられます。私に言わせればそこに「キリスト教神学」の力があります。

　神学とは「もしも神がいるならば、この世界はどう見えるだろう？」と問う学問です。この学びを通して、世界の見え方の「変化」に注目、感動、困惑、反発していただければ幸いです。その「変化」はおそらく、あなたの人生をも揺り動かすことでしょう。

　19歳のみならず、これから19歳を迎える人、かつて19歳を経験した全ての人たちにむけて。皆さんの「19歳」の景色が、この本を通してゆっくり、豊かに変化していくことを信じて。

塩谷直也

視点を変えて 見てみれば

19歳からのキリスト教

塩谷直也

もくじ

装丁：柿沼亜耶

凡　例

・ 聖書の引用は基本的に、『聖書　新共同訳』（日本聖書協会）
　に準拠している。

・引用文中の〔　〕は本書筆者が説明のために補ったもので
　ある。

Lesson 1

２つのパーティ

Two different parties

　浪人時代、しばしば予備校をさぼって二条城に近い公園の
ベンチに座り、ぼんやりとしていました。

　ある日のことです。そこに小学2年生の女の子がやってき
て「おにいちゃん、何やってんの？」と語りかけてきました。
昼間にフラフラしている若者が不思議だったのでしょう。気
がつけば私たちは友達になっていました（仮にこの子を京子
ちゃんとします）。京子ちゃんは地域の子どもたちのリーダー
的存在で、彼女を中心に男女入り乱れて鬼ごっこをして一緒
に遊びました。京都に友達のいなかった私にとって、それは
唯一の楽しみでした。

　「おにいちゃん、また明日おいで、一緒にあそぼ！」そう
言って別れ際に手を振る彼女の笑顔が、私の胸を締め付けま
した。「こんなことやってちゃ駄目だ、駄目だ！」と叫ぶ自

分がいます。しかし子どもたちと一緒に遊ぶ時だけは、全て
を忘れられるのです。気がつけば毎日のように公園に通って
いました。

　今日も帰宅する京子ちゃんに聞きます。

　「今度はいつ、あそぼっか？」

　「今度は次の日曜日や。おにいちゃん、待ってるからな！」

　困りました。今度の日曜日は「Ｋ大学経済学部」模試の日
です（医学部を目指していたのにどうして経済学部模試なのか
……当時の混乱ぶりがわかります）。受験料を払ったからには
模試を受けない訳にはいきません。

　「ああ、日曜日ね、わかった。」

　力なく子どもたちに答え、下宿に戻りました。

　日曜日は雨でした。

　模試を受けるために予備校に向かいました。向かうつもり
でした。しかし、気がつけばあの公園にいました。屋根のあ
るベンチに座って、半日雨を眺めていました。京子ちゃんど
ころか、ひとっこひとり公園には見当たりません。雨のしみ
込んだスニーカーの気持ち悪い感触が、今でも思い出せます。
結局、何もせず、午後遅く、誰とも会わず下宿に帰りました。

　あの日、私は雨のベンチで何を待っていたのでしょう。模
試も（お金も）犠牲にしてまで。京子ちゃん？　ええ、確か
に彼女たちを待っていました。でも、今ならわかります。私
は京子ちゃん、そして子どもたちを通して「存在を認めてく

れる人」を待っていたようです。

　当時の私は偏差値で測られていました。偏差値が上がれば自他ともに認められ、そうでなければ予備校では無視され、私自身も自己否定を繰り返していました。しかし、唯一子どもたちは私を偏差値で測らなかったのです（というか偏差値自体知らなかったでしょう）。公園で私を見つけて、「おにいちゃん、偏差値上がったんやね」と駆け寄ったことなんてありません。いつだって「おにいちゃん（いたんやね）！」と私の存在自体を喜んで駆け寄ってくれたのです。

　この世界には、2つのパーティがあります。
　ひとつは「合格祝い」のパーティです。その人の努力が結果を生み、それを多くの人が称賛します。その人の行い（to do）が評価されます（A図参照）。このパーティは、その人の成功体験として記憶され、次のチャレンジへの大きな動機付けとなるでしょう。

一方、もうひとつのパーティがあります。それは「誕生祝い」のパーティです。その人が生きていることをみんなで祝います。あなたに出会えてよかった、あなたがいてくれて嬉しい、との喜びをみんなで分かち合うのです。その人の存在（to be）を感謝します（B図参照）。

　どちらのパーティも人間には必要です。どんなに努力して結果を出しても、Aのパーティを1度も開いてもらえないなら、その人は頑張る力を失ってしまうかもしれません。しかしAのパーティだけしか味わったことがないなら、やがてその人は燃え尽きてしまいます。結果が出せない限りパーティを開いてもらえない（喜んでもらえない）としたら、失敗のたびに繰り返される自己否定で壊れてしまうでしょう。

　だから、人間にはBのパーティが定期的に必要となるの

です。結果が出ても出なくても、節目ごとに「あなたに会えてよかった、あなたが生きていてくれて嬉しい」という、あなたの存在を無条件で喜ぶパーティが必要なのです。19 歳の私に足りなかったのはこちらのパーティでした。そしてそのパーティを与えてくれたのが、京子ちゃんたちだったのです。大げさに聞こえるかもしれませんが、あの「公園パーティ」で私はどうにか、命のバランスを保っていたのかもしれません。

　聖書に登場する武将ダビデの物語を紹介しましょう。

　ダビデたちが不在のある日、村はアマレク人の奇襲を受け、家族たちとその富が奪われます。早速反撃に立ち上がったダビデでしたが、600 名いた兵士のうち、200 人は疲労困憊のため従うことができません。そこでダビデは 400 名の精鋭を引き連れて戦い、勝利。戦利品を持ち帰ります。
　ここでトラブルが発生します。何とダビデはその戦利品を戦いに行った者にも、行かなかった者にも均等に分け与えたのです。我慢ならないのは命をかけて戦った 400 名です。彼らの一部はダビデに訴えます。

　「彼らは我々と共に行かなかったのだ。我々が取り戻した戦利品を与える必要はない。」（サムエル記上 30 章 22 節）

もっともな意見です。血と汗を流した者にこそ報酬を与えるべきです。ここには A のパーティを開催せよ、との主張があります。

　それに対しダビデは答えます。

　「兄弟たちよ、主が与えてくださったものをそのようにしてはいけない。我々を守ってくださったのは主であり、襲って来たあの略奪隊を我々の手に渡されたのは主なのだ。誰がこのことについてあなたたちに同意するだろう。荷物のそばにとどまっていた者〔200 名〕の取り分は、戦いに出て行いった者の取り分と同じでなければならない。皆、同じように分け合うのだ。」（同 23–24 節）

　ダビデは、B のパーティを開く、と断固宣言するのです。その背後には、戦いの勝利（to do）それすらも、神の恵みであり、私たちの努力の結果ではない、との視点があります。私たちの祝宴は、厳しい状況であればあるほど、徹底して存在（to be）を喜ぶものでなければならないというのです。

　この視点は聖書全体、キリスト教全体を貫く骨太の価値観です（マタイ 20 章 1–16 節参照）。「神ご自身が、常に私たちに対して B のパーティを開催する。そのことを忘れてはならない」というダビデ、そして聖書の世界観です。ダビデの部下たち、そこから生まれる聖書の登場人物、またキリスト教を信じる人々の命のバランスを、この世界観が守ってきたと言っても言い過ぎではないでしょう。

あの雨の日以来、京子ちゃんとは会っていません。

もう、公園でじっと誰かを待つこともなくなりました。

代わりに、この聖書のメッセージによって、今の私は命の
バランスを保っています。

恩送り

Pay forward

　お金は借りたら返さなければなりません。物を借りてそのままにしたら「カリパク」です。とにかく借りたものは返す。これ、常識。

　しかし聖書によるとひとつだけ借りっぱなしで許されるものがあります。「愛」です。これは借りっぱなし、もしくは貸しっぱなしで大丈夫。返済期限はありません。

　なぜでしょう。それは聖書が返済義務のあるものを「愛」とは呼ばないからです。借りたものを返す、それは取り引き、もしくはレンタルにすぎないのです。もちろんそれをなにも聖書は悪いことだと言っているのではありません。ただそのような特定の人物間で物や親切をやり取りする行為を、聖書は「愛」のカテゴリーに入れないのです。

イエスはパーティを開く際の、不思議なアドバイスを語ります。

　「昼食や夕食の会を催すときには、友人も、兄弟も、親類も、近所の金持ちも呼んではならない。その人たちも、あなたを招いてお返しをするかも知れないからである。宴会を催すときには、むしろ、貧しい人、体の不自由な人、足の不自由な人、目の見えない人を招きなさい。そうすれば、その人たちはお返しができないから、あなたは幸いだ。」

（ルカ 14 章 12–14 節）

　あえてお返しできない人を招き、もてなしなさいと勧めるイエス。それは彼の人生そのものでした。愛は与えっぱなし、貸しっぱなし。見返り、返済、一切無用の行為であることをわかりやすく説いていますね。

　ところで小学校、中学や高校、塾やフリースクール、そして大学で世話になった先生、先輩、助けてくれた友達がいましたか？　もしいたならば、その受けた親切を、どうやってその先生や先輩や友達に直接お返しできました？　たぶん、多くの人が恩を返せぬまま時が過ぎてしまったのではないですか？　返したくても返せない恩が、宙ぶらりんで浮いています。「このままでは恩知らずになるよナア…………」と思いつつ、戸惑っている私たちです。

でも、ご安心を。その恩、親切は今から返せます！　「別の人」に返すのです。知らない人に、後輩に。そしてあなたから恩を受けたその相手も、あなたにではなく、更なる別の人に恩をつないで渡していけばいいのです。もらった恩を無関係な第三者に渡す。バトンを次々と渡すように。これを「恩送り」と言います。英語で Pay forward。

　一般に言われる「恩返し」（Pay back）は大切なことであり、世間では常識でしょう。しかしこれってキャッチボールに似ていませんか。2 人の間で 1 個のボールが行ったり来たり。その間に誰も入れず、延々とボールの交換がおこなわれるのに似ています（A 図参照）。あなたは言うかもしれません。「親に苦労をかけてきました。私のために父も母も働きづめでした。ですからこれからは親に恩返しをすることが私の目標です。」確かにそうでしょう。あなたのその誠実な姿勢に、私は敬意を表します。でも、それでもあえて問いたい。
　「そのためだけにあなたの人生があるのですか？」

先日、テレビである光景を見ました。ご飯を食べる時、2人のきょうだいらしい小学生が「いただきます」を唱えるシーン。両親を目の前にしてきょうだいはこう言うのです。「お父さん、お母さん、今日もご飯をありがとうございます。いただきます。」

　驚きました。この家庭では代々このような習慣なのでしょうか。確かに食事の際に感謝の言葉を述べることはまっとうなことです。しかし昔は「お百姓さんありがとう」「お天道様ありがとう」だった気がします。食べ物がたくさんの人のつながりで目の前にあることを覚え、見えない世界、遠い世界とのつながりを豊かに想像しながら、感謝の輪を広げる形で「いただきます」と言っていました。「お父さんお母さんありがとう」……いつの間に、目の前の人にしか感謝できない、ボールをくれた人にしかボールを返せない私たちになったのでしょう。知っている人とだけキャッチボールを延々と繰り返し、他者を寄せ付けないカプセルに閉じ込もるほうが安心なのでしょうか。

　それに対し、Pay forward は広場でやるバレーボールに似ています。ネットもコートも何もない。輪になってボールを互いにトスし合う素朴な遊び。古い昭和の映画によく登場する、職場の昼休みに、若者がビルの屋上でやるアレです。私が○○ちゃんと言って、その人にトスする。その○○ちゃんは受けたボールを、あなたに返すとは限りません。また別の人にトス。ボールが飛ぶ方向は予測不可能。それだけではあ

りません。その輪の中には自由にどんどん見ず知らずの他人が入ってくる。「私も入れて！」と言えば体ひとつで誰でも参加可能。ボールが飛び交う輪はあれよあれよと広がっていく……（B図参照）。

　恩返しが2人の間のキャッチボールの繰り返しなら、恩送り、Pay forward は次々と出会いが起こるバレーの輪。

　受けた恩を別の方にトスしませんか。どうせならこの「恩送り」の輪に、どんどん必要な人は入ってもらいましょうよ。輪が、世界が広がります。愛のボールを、自分の身内だけ、同じグループだけ、知っている仲間だけに渡さないよう注意しましょう。ボールを仲間の外に、関東の人は九州の人に、九州の人は東北にトスしましょう。アジアに、世界にトスです。子どもに若者に中高年に老人に、健康な人に病んでいる人に、マジョリティにマイノリティに、味方に敵に……。

ボールをもらった人は、嬉しかったら、その嬉しさを次の人につなげてください。もちろん、あなたの大切なボールは手元に残らないかもしれません。しかし、そのボールが多くの人の手に次々と渡ることであなたの視野は広がり、友達は増え、世界が以前よりも少しだけ幸せになるかもしれません。そんな Pay forward が作りだす喜びを、イエスは次のように表現しています。

　「自分を愛してくれる人を愛したところで、あなたがたにどんな恵みがあろうか。罪人でも、愛してくれる人を愛している。また、自分によくしてくれる人に善いことをしたところで、どんな恵みがあろうか。罪人でも同じことをしている。返してもらうことを当てにして貸したところで、どんな恵みがあろうか。罪人さえ、同じものを返してもらおうとして、罪人に貸すのである。しかし、あなたがたは敵を愛しなさい。人に善いことをし、何も当てにしないで貸しなさい。そうすれば、たくさんの報いがあり、いと高き方の子となる。」

（ルカ 6 章 32–35 節）

Lesson 3

自由

Freedom

「人間は殺しうるものだけを愛しうる。」[1]

どういうことだと思いますか？

例えば満開の桜は美しい。しかしその桜の木が花を咲かせるために、人間を襲って食べてしまうとしたらどうですか？私たちは到底、桜の木を愛することなんてできません。桜は恐怖の対象となり、その周りを鉄条網で囲むでしょう。

なぜ桜の木を愛せるのか。それは、切り倒すことができるからです。桜を肯定することも否定することも、生かすことも殺すこともできる、この自由な選択肢が与えられているか

1　芦田宏直『努力する人間になってはいけない』ロゼッタストーン、2013 年、174–175 頁。

ら愛せます。なぜペットがかわいいのか。「殺せる」からです。もしもそのペットから、常時食い殺される危険があるとしたら、私はペットを愛せるでしょうか？

　その存在を否定することも、その存在から逃げることも可能。無視したって見捨てたってかまわない。その人から拘束・支配されない。そういう相手こそ私たちは愛することができます。

　神様はアダムとエバの前に、善悪の知識の木を置いて語ります。

　「善悪の知識の木からは、決して食べてはならない。食べると必ず死んでしまう。」（創世記 2 章 17 節）

　食べてはいけないものを神様が置く！　それは神様が私たちに「神を否定する自由」を与えてくださったということです。神の命令を無視しても OK、との選択権を与えてくれたのです。この選択権を行使し、アダムとエバは善悪の知識の実を食べる方を選び、神の掟を破ります。それは神を無視した、神がいるのにまるでいないかのようにふるまったということ、つまり 2 人は神の存在を否定し、神を「殺した」ことになります。

聖書の神が私たちに求めるもの、それは私たちが選択の余地なく服従すること、人間が神のロボットになることではありません。もしそうならば、そもそも善悪の知識の木は置かないでしょう。神が私たちに求めることは、自由な選択肢の中で、それでも神の教えを選び取って生きることなのです。

　この点を踏まえ、十字架で殺されたイエスに注目します。あの時イエスは全くの無力でした。しかしだからこそ、私たちはイエスを愛せるのです。もしもイエスが、圧倒的な力で敵をなぎ倒し、私たちを独裁者のように支配する方だったら？　「神を信じない人は、毎年100人滅ぼします！」なんて恫喝（どうかつ）したら？　パワハラ満載の神に、私たちは服従するかもしれません。でもそれは愛するからではありません。怖いから、脅されたからです。

　私たちは、イエスを十字架にかけて殺せたから、そしてこれからも心の中で否定できる＝殺せるから、だから愛せるのです。

　逆に忘れてはいけません。イエスも私たちを殺せます。イエスが十字架にかかる時、天には12軍団（約6万人の天の兵士）が待機し、いつでもスクランブル発進できるよう、イエスの指示を待っていました。イエスの一声で、敵を木っ端みじんに破壊する天国最強軍団が控えていたのです（マタイ26章53節）。

　イエスは無力な方ではありません！　万軍の主、神の子イ

エスこそ、私たちをいつだって滅ぼせるのです。みすぼらしい十字架なんか引っこ抜いて、お気に入りの仲間と余生を楽しく過ごすこともできました、全人類を従え、地上に天国を一気に作ることもできました。そんなたくさんの選択肢の中で、あえて十字架というカードを選んだのです。ここに愛があります。

　十字架にかけられた事実に愛があるというよりも、多くの選択肢の中から、自由な思いで強制されずに十字架を選ばれた、そのプロセスに愛があります。たとえ十字架にかかったとしても、それが強制的なものであれば、何の価値もありません（Ⅰコリント 13 章 1–3 節参照）。

　まとめましょう。
　私たち人間はイエスを殺せます。無視できます。
　イエスも私たちを殺せます。滅ぼせます。
　この両者の自由が大切にされるところ、聖書の語る「愛」が花開きます。

　ある夫婦のエピソードです。
　夫はあるスポーツが大好きでした。しかし妻はそのスポーツが大嫌い。2 人はよく衝突しました。それは決まって夫がそのスポーツ観戦に妻を誘う時でした。
　「行こう！　絶対楽しいから。」しつこく夫は誘います。クリスチャンの妻は、そのスポーツ観戦に全く興味がなかった

のですが、心の中で考えます。

　「神様は、私に愛情深い妻であることを願っておられる。それに夫を怒らせるのは嫌だし……。」しぶしぶ夫について行きますが、本当は行きたくない。その気持ちがどうしても態度で現れます。

・ぐずぐずして出発を遅らせる。〜「時計忘れた。ちょっとトイレ」など。
・試合中、全く興味を示さない。〜うつむいて携帯ばかりいじってる……。
・出かけている間、ずっと不機嫌でいる。〜「寒いわね、のどかわいた」
・夫に対して心を閉ざす。〜食事中も無言。
・その後何日も、いかに退屈だったか夫にこぼす。〜ぶつぶつ言い続ける。

　しまいには夫も嫌気がさし妻に言いました。「来てもそんなにつまらなさそうにするなら、もう来なくていいよ！」せっかく犠牲を払ったのに、感謝すらないことに妻は深く傷つくこととなります。

　夫が妻の気持ちも考えず、スポーツ観戦にしつこく誘うのは問題です。しかしもうひとつの問題があります。妻が「嫌《いや》です」と言えないことです。彼女は「No！」と言う選択肢を持っていません。その結果、一日中イライラしています。

妻は、夫の誘いを断る、夫を「殺す」自由がないのです（A図参照）[2]。

　私たちが心からの「はい」を言うためには、まず「いいえ」と言える自由が必要です。誰かを心から愛するためには、その人を「愛さない」という選択肢を持つことが前提となります（B図参照）。妻は「夫の誘いに応じなければならない」と思いこんでいました。恐れがあったからです。「冷たい人」と思われることを恐れていました。また、夫から愛されなくなることも恐れていたのです。だから本心は嫌だけれども、選択の余地なく、いやいやスポーツの観戦に行っていました。

2　ヘンリー・クラウド、ジョン・タウンゼント『クラウド＆タウンゼント博士の二人がひとつとなるために　夫婦をつなぐ境界線』中村佐知訳、あめんどう、2013 年、78–83 頁。

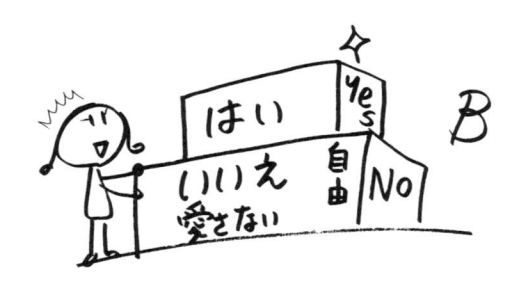

　私たちは確かに、愛する人からの誘いに「はい」と素直に言いたい。しかし、本当の「はい」を言うためには、「いいえ」と言える自由が必要。ただそのためには「いいえ」と言っても相手からの評価は変わらないし、見捨てられることもない、との信頼が必要となります（C図参照）。

　神様と人間との関係にも、同じことが言えます。神様に招

かれた時、心から「はい、従います」と答えたい。しかし心からそう答えるには「嫌です、従いません」と言える自由が必要です。そしてその前提として、神様を拒んでも神様の私に対する愛は変わらない、との深い信仰、信頼が私たちに求められています。これについては、次章で論じましょう。

Lesson 4

信仰

Faith

信仰には 3 つの段階があります。

最初に①「知識 knowledge」、次に②「同意 assent」、最後に③「信頼 trust」です。

例えば目の前に少し形の変わったイスがあるとしましょう。まずあなたは観察することでそれが「イス」だとようやく理解しました。頭でそれをイスと認識したのです。これが①の段階です。

やがてそのイスを多くの人が使っているのを目撃します。そのイスが人々に役立っており、イスが良いものだとわかりました。イスの存在を心で受け入れたわけです。これが②の段階です。

最後の③の段階、それはそのイスにあなたが実際に座ることです。深々と。安心して。それは自分の全体重をイスにゆだねる行為です。このイスは決して壊れない、私を傷つけないと信じて。

　こういう表現も可能でしょう。
　　　①は知人との関係。
　　　②は友人との関係。
　　　③は親友との関係です。
　①の知人とは、一応その人の名前、肩書きを知っている、挨拶を交わす程度の関係です。②の友人は、食事や飲み会を一緒に過ごす相手でしょうか。楽しい時間を過ごす相手です。たまにはバイトのシフトを代わりに入ってもらったり、授業のノートを見せ合ったりもします。③の親友とは、自分の弱さを語れる人です。自分の弱さを語っても、この人は決して馬鹿にしたり、悪用したりしない、それほどの信頼をもって関係を結べる人です。もしくは愚痴を言っても、自分のことを嫌いにならない人ではないでしょうか【▶ Lesson 6「トモダチ申請」】。

　イエス・キリストとは何者か。「キリスト教の創始者？」「世界の偉人？」「十字架で死んだ人？」おそらくこの本を手にしている人はすでにある程度おわかりでしょうから、読者の皆さんは全て①「知識」の段階にいます。更にその中の一部の人は「イエスは良い方だ、その存在も、語った言葉も正

しいと信じる」と明言できる方もいるでしょう。その方々は②の段階にいます。ただ、ここからもう一歩、先があります。イエスという存在に全体重、人生をかけられるでしょうか。イエスに向かい、自分の弱さや愚痴を全て語れるでしょうか。これが信仰です。

つまり信仰とは、イエスが 2000 年前に存在し、様々な活動をおこなった、との知識を身につけることではありません。また、そのイエスの行動や発言の正しさに同意することでもありません。この方が今も存在し、この方に私の人生をかけることなのです。

では「人生をかける」とはどういうことなのでしょう。それは私の「監督」を交代する、ということかもしれません。

野球やラグビーなどのチームスポーツでは監督が重要な役割を果たします。なぜなら同じメンバーでも監督交代をきっかけに、チームの実力は大きく変動するからです。人間も似ています。私たちは自分の監督は「自分」だと考えています。監督「自分」が、様々な選択や決断を前に、必死に手足に指示を出すことで、人生を戦ってきました。さて結果はいかがだったでしょう？　連戦連勝？　それともいつも惨めな結果だったでしょうか？　もし後者なら、もはや選手交代では間に合いません。監督交代が必要となります。連敗続きの監督「自分」から監督「イエス・キリスト」に交代です。これが「人生をかける」ということです。これは誰にとっても困難＝恐ろしいことです。けれども、そこに信頼（trust）がある

ならば、それほど困難でも、恐ろしくもなさそうです。

　以下にまとめます。

	イス	他者との関係性	キリスト教信仰
① 知識 knowledge	その奇妙なものがイスだと認識される。	知人。名前、年齢、簡単なプロフィールを把握。	キリスト教・聖書関連の学び、習得。
② 同意 assent	そのイスは役立つものであり、否定できないものである。	友人。自分にとって良い人。食事や簡単な頼みごとも行う。	学習内容への同意。賛意。共感。
③ 信頼 trust	そのイスに深々と全体重をかけて座る。	親友（恋人）。互いの内面を共有。2人きりの場面も多い。	神／イエス・キリストへの献身。人生の監督交代。

　ところで今、共に暮らしているマルは動物愛護センターから引き取ってきた猫でした。家庭で飼われていたのですが、生後1年で捨てられて処分される直前に私が引き取ったのです。我が家に来た当初、すごい食欲でした。餌を出したらあっという間に食べてしまいます。「マル、そんなにガツガツ食べなくていいよ。明日の分は明日あげるから、そんなに食いだめしなくていいよ！」けれど、そう言ったところで通じません。彼女は必死に食べ続けます。「フン！　どうせお前も私を捨てるんだろう。明日どうなるかわからない。確実な今日のうちに、おなかに貯め込めるだけ貯め込んでやろう！　ガツガツ！」（と言い返されている気がしました）。いつもマルのおなかはパンパンに膨れ上がり、うんこも特大の大きさ、それで肛門が切れて、しょっちゅうお尻から血を流し

ています。

「そんなに食べなくていいよ！　明日も餌をあげるから！」

「うるさい！　私は誰も信じない！」

そんな私とマルの関係がしばらく続くのでした（A図参照）。

　ところがしばらくしてマルは餌を少し残すようになりました。なぜでしょうか。あくまで想像ですが、ようやく私の存在に気づいてくれたのではないでしょうか。それまでマルは餌しか見ていませんでした。しかし、その餌を与えてくれる「私」の存在に目を注ぐようになってきたのです。どうも「ああ、ガツガツしなくても、明日もこのおじさんが私に餌をくれるのだなあ。このおじさんは私を見捨てないのだなあ」とマルが理解したようなのでした。私への信頼（trust）が、それまでのマルの不安を打ち消した気がします（B図参照）。

　信頼とは、見える「餌」だけを信じ、明日への不安に追われて貯め込み続けることではありません。見えない「神」を信頼して、神が明日も与えてくれる、との確信の中で、今日必要な分だけをいただきながら、落ち着いて日々を暮らすことではないでしょうか。

　イエスは弟子たちに語ります。

　「だから、『何を食べようか』『何を飲もうか』『何を着ようか』と言って、思い悩むな。……あなたがたの天の父は、これらのものがみなあなたがたに必要なことをご存じである。……だから、明日のことまで思い悩むな。明日のことは明日自らが思い悩む。その日の苦労は、その日だけで十分である。」（マタイ6章31–34節）

信仰の段階①や②でウロウロしていた弟子たちに向けて、信仰の段階③に図太く生きるイエスが高らかに謳います。「目に見える餌ばっかり見つめるな！　この餌をくださる見えない神に心の目を注げ！　楽だぞー。ガツガツいかなくても大丈夫だ！」

　肩の力を抜いた、健やかな生き方を提示するイエスでした。

Lesson 5

科学と宗教

Science and religion

　学生たちとシェイクスピアの「リア王」の読書会をおこなったことがあります。私を含め専門家などいない気楽さから、適当に配役を決めて演じ合う楽しいひと時でした。ところがその後 BBC 制作の「リア王」を DVD で鑑賞して一同驚きます。一流の脚本を、一流の演出で、一流の役者が演じるとこうなるのですね……。私たちの手元のくたびれた「リア王」と別ものでした。

　あまりにいい加減な読書会は何だかシェイクスピアに申し訳ない気がします。しかし素人が演じたとしても、引き続きシェイクスピアは一流の脚本であり続けます。「リア王」はただそれを生かす一流の演出家と役者を、時代を越えて待ち続けるだけです。一流の脚本はどんな人間が取り扱っても傷

つくことはありません。

　さてここで逆のケースを考えてみます。もしも三流の脚本だったらどうでしょう。たとえ世界一の演出家と役者を集めても舞台は失敗するでしょう。いやそのつまらぬ脚本で役者は名声を失うかもしれません。

　素人が演じても一流の脚本はつぶれない。しかし三流の脚本は一流の役者すらダメにする。源流が汚されていれば川下の水をきれいにしても無駄なのです。

　「戦略の失敗を戦術で補えず。戦術の失敗を戦闘で補えず」との言葉があります。

　戦略＝大局観・全体の方向性

　戦術＝それを実現する具体的方法

　戦闘＝各人の戦うスキル

　——というふうに見なして良いでしょう。先ほどの「リア王」を例にとれば、戦略＝脚本、戦術＝演出、戦闘＝役者となります。

　サッカーを例にとるならば、

　戦略とは攻撃的な配置か守備的なそれか、誰を先発メンバーにそろえるか。監督の腕の見せ所です。

　戦術とはセンタリングを上げた時の手順、どこにスペースを作るのか、局面ごとの動き。

　戦闘とは選手一人一人の心・技・体ということになり、各

人が見えないところで努力する部分です。

　おわかりのように繰り返しセンタリングの確認をチーム内で練習しても、どう戦うか監督の方針が曖昧なら混乱します（戦略の失敗を戦術で補えず）。またスタープレイヤーを擁しても局面ごとの打ち合わせがなければ、選手はただ体力を失うだけになってしまいます（戦術の失敗を戦闘で補えず）。いずれにしても「戦略」＝方向性、大局観が明確で正しくなければ優れた選手もつぶされます。

　その悲しい一例が戦艦大和の最期です。1945 年、大日本帝国の「戦略」は大和を「特攻」として沖縄に送ることでした。この方向性に従い大和は沖縄に向かい、迎え撃つアメリカ軍に攻撃され沈没。約 3000 人の日本兵の命が失われます。この 3000 人の戦闘能力がいかに優れていたとしても、無謀な戦略を補うことは到底できませんでした。そもそも「国家総力戦として戦われたアジア太平洋戦争において、日本の軍事力はなぜ敗北・崩壊したのか。作戦や戦術の巧拙を越えた戦略・大戦略（国家戦略）のレベルで……すでに日本に勝利の目はなかったといえる。一部の兵器の性能や局地的な作戦の巧拙だけで戦争の勝敗が決まったわけではない」[1] のです。

1　山田朗『軍備拡張の近代史　日本軍の膨張と崩壊』吉川弘文館、1997 年、212 頁。なお本書に記された太平洋戦争開戦時〔1941〕の日米の国力比較をみると、国民総生産がアメリカは日本の 12 倍、軍需産業の基礎となる粗鋼生産量 12 倍、自動車保有数 160 倍、国内石油産出量 777 倍、労働生産性〔同じ労働時間でどれだけ航空機を生

イエスは言いました。

「あなたがたのうち、塔を建てようとするとき、造り上げるのに十分な費用があるかどうか、まず腰をすえて計算しない者がいるだろうか。そうしないと、土台を築いただけで完成できず、見ていた人々は皆あざけって、『あの人は建て始めたが、完成することはできなかった』と言うだろう。また、どんな王でも、ほかの王と戦いに行こうとするときは、二万の兵を率いて進軍して来る敵を、自分の一万の兵で迎え撃つことができるかどうか、まず腰をすえて考えてみないだろうか。もしできないと分かれば、敵がまだ遠方にいる間に使節を送って、和を求めるだろう。」（ルカ 14 章 28–32 節）

「腰をすえて計算し考える」とは、希望的観測に基づくのではなく、現実的・合理的な根拠に基づいて人生の戦略を打ち出すことです。この戦略なくしては、出発はままならぬと聖書は語ります。では、この「腰をすえて計算し考える」場を、高校時代、大学時代のどこに確保できるでしょうか？

産できるか〕2–3 倍の開きがありました（214–215 頁）。このけた外れの差を克服するのが「大和魂」と説かれ、日本は開戦へとかじを切ります。統計資料を見る限り、この戦争に日本の「戦略」を見出すことは難しいでしょう。

どうやったらいい大学に行けるか？　友達ができるか？　コミュニケーション技術を身につけるには？　良いレポートやプレゼンのコツは？　いかに単位を落とさないか？　どうすれば就活に有利か？　以上、全て大切です。しかしこれらははっきり言って戦術・戦闘レベルの課題です、ここに戦略はありません。このような戦術や戦闘能力だけを身につけた「高スペック」人間は世の中から即戦力として大変重宝されるでしょう（A図参照）。

　しかしそのような若者をいつの時代も悪用する大人たちがいることを忘れてはいけません。彼ら・彼女らは戦闘能力の高い若者をおだてあげ、コントロールするのが上手。悪い大人たちは倒錯した「戦略」を示して若者を破滅へと導きます。思えば戦争も、オウム真理教も、優れたスペシャリストたちが動員されたのです。そうならないためにも、悪の戦略を上

回る戦略を若者たちが手にしなければ悲劇は繰り返されます。

　「科学（science）すなわち理科系が役に立ち、文科系は役に立たないのでは」との議論があります。この単純な発想が「動員され、利用され、消費される高スペック人間」を生み出さないか心配です。学校は「利用価値の高い即戦力」を供給することだけが使命でしょうか。いやむしろ、この世界にあなたの能力を利用しようとする悪党がいることを広い視野で見抜き、悪に利用されない、もう一段高次な視点を兼ね備えた若者を世界に送り出すべきです（B図参照）。

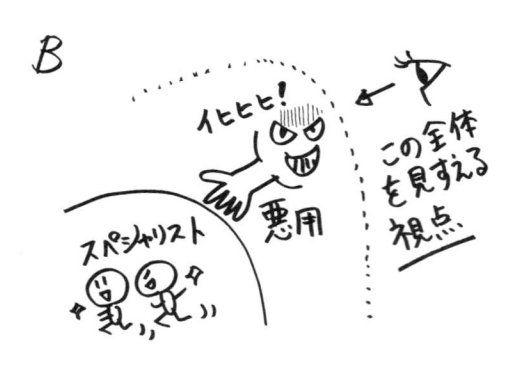

　そのために必要なのが哲学、思想、文学、歴史などの人文系の学びです。とりわけ私は「宗教」の学びを勧めます。聖書やキリスト教神学が提示する安易に答えの出ない問題と向き合い、正義と愛を目指す「善人」がいかに「罪」にまみれ、また「残忍」になっていったかの歴史を顧みることは、人生

の「戦略」を身につけるのに大いに役立つはずです。

　忘れないでください。
　優れた役者でも、ダメな脚本を演じたらそこで終わりです。どれほど社会的に成功しても「私はひょっとしたら間違った脚本で演じているのでは？　無能な監督のもとに走り続け利用されているのではないか？」との絶えざる問いかけが必要です。
　その問いかけをあなたは「科学」のみから得られるでしょうか？

Lesson 6

トモダチ申請

Friend request

　友情についての、神学者モルトマンの言葉です[1]。

　「友人とは、あなたを好ましく思っている誰か、またあなたが共にいたいと思う人です。……友情は、毎日のように確認する必要はありません。なぜなら、そのことを心配する必要がないからです。」

　親子の間で毎日のように「私たちは親子だよね」と確認することはあまりないでしょう。それほどに強い関係性、切っても切れないつながりが親子にはあるからです。同様に、真の友情があるならば、「私たちは友達だよね」と毎日のよう

1　ユルゲン・モルトマン『わが足を広きところに　モルトマン自伝』蓮見幸恵・蓮見和男訳、新教出版社、2012 年、286 頁。

にメールやラインで確認する必要はありません。（逆に切れ目なしに連絡しないと不安ということであれば、いまだ友情は成立途上、ということになります。）

　しかし考えてみれば不思議です。親子のように血のつながりがある訳でもないのに、どうやって友情という強い信頼関係が他人との間に与えられるのでしょうか。親やきょうだい、親戚と違い、生まれも育ちも違う 2 人の間に「友情」が生まれるきっかけとは何でしょう。

　聖書の中にヒントがあります。

　「ひとりよりもふたりが良い。共に労苦すれば、その報いは良い。倒れれば、ひとりがその友を助け起こす。倒れても起こしてくれる友のない人は不幸だ。」

（コヘレトの言葉 4 章 9–10 節）

　ここに「共に労苦する」とあります。それは 2 人で苦しみを共有、シェアする、交換するということです。つまり 2 人でいることの意味、それは苦しみの分かち合いにあるというのです。実はこれこそが、友情を生み出す根源ではないでしょうか。友情とは、楽しいことを一緒にするだけでは生まれません。互いの苦しみを分かち合うとき生まれます。

　例えば、少し親しくなりかけた、また親しくなりたいと

思っている知人が、あなたに「少し話があるんだけど……」と言って近づいてきたとしましょう。そして2人きりのところで、あなたに対し自分の辛い、悲しい体験を話したとします。さてその時、あなたはただ迷惑でしょうか。戸惑うだけで終わるでしょうか。そうではないと思います。もちろん、その知人のために何か力になりたいけれど力になれない焦りや、もどかしさ、無力感も生まれるでしょう。けれど「嬉しい」とは表現できないまでも、何か「温かい」ものが心に生まれてこないでしょうか。それは、その知人から「信頼された」というぬくもりです。その人は、あなたを好ましく思い、心を開いてあなたに相談したのです。それは「あなたを信頼します。私はあなたを友達と見なしています」とのメッセージです。これって真の意味での「トモダチ申請」ではないでしょうか。

　SNS上で繰り広げられる「トモダチ申請」はあなたの持っている情報と、私の持っている情報を交換しましょう、という誘いです。そこには世界が広がる「興奮」があります。しかし、対面で「悩み」を打ち明けられるというのは、もう一段深い「トモダチ申請」です。「誰にも言えなかった苦しみを語っても、あなたは私をバカにしない、支えてくれると信じます。これからもあなたともっといい友達でいたいから話します」という友情を育もうとの申し出。ここには私たちの世界を豊かに深めていく「喜び」があります（A図参照）。

　さあ、今度はあなたの番です。このトモダチ申請に、OK を出しましょうか？　では、どうしたらいいのでしょうか。ネット上での対応なら単なる一瞬のクリック、タップで終了です。だけどリアルな対面でのトモダチ申請に対する OK は、そう簡単にいきません。そうです、今度はあなたが、あなたの苦しみ、悩み、痛みを心を開いて話すのです。

　その人から悩みを打ち明けられる。それはあなたがその人から信頼されたという、心温まる体験。でも、それだけでは友情は生まれない。今度はあなたの番です。あなたが相手を信頼して心を開く勇気、これがあって初めて友情はその一歩を踏み出します（B 図参照）。

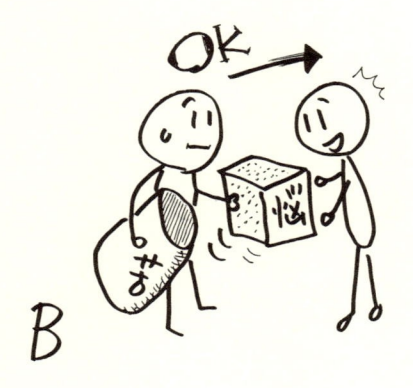

　信頼と勇気——この2つの栄養で友情は花開きます。やがて2人は、友情を「毎日のように確認する必要は」ないことを知ります。それほどに強いつながりが2人の間に成立します。

　さて、実はそのようなトモダチ申請が、読者の皆さんにすでにある方から届いているのをご存知ですか？

　何と、イエスから届いています。

　「もはや、わたしはあなたがたを僕とは呼ばない。僕は主人が何をしているか知らないからである。わたしはあなたがたを友と呼ぶ。父から聞いたことをすべてあなたがたに知らせたからである。」（ヨハネ15章15節）

イエスは当時の弟子たちに、そして今を生きる聖書の読者に呼びかけます。「あなたを友達と呼ぶ、友達と呼びたい」と。なぜなら、「父から聞いたことをすべてあなたがたに知らせたから」です。この「父から聞いたこと」とは、一言で言えば十字架の物語。イエスにとって最も辛く、苦しく、みじめで、ひとりぼっちで、切なく、情けない体験。そのとびきりの痛みの物語を、イエスは余すことなく弟子たちに、私たちに話してくれました。信頼しているからでしょうか。もしそうなら、これはとりもなおさずイエスが、聖書を通して私たちに「トモダチ申請」してくれたことではないでしょうか。

　さあ、どうしましょう。この申請に、OK を出しますか。もしそうなら、少しの「信頼と勇気」をもって、私とあなたの苦しみ、悩みを、イエスに語ってみましょう。心で、イエスがそこにいると見なして語りかけてみてください。もしも、あなたの苦しみが言葉にならないほど深く、複雑であるならば、「イエス様、言葉にならない私の苦しみを、あなたが読み取ってください」と言葉に出してみてください。

　できました？

　（ここからはイエスの「トモダチ申請」に OK したら読んでください）

さあ、苦しみを互いにシェアしたあなたとイエスは今日から友達です！！　あなたはイエスと友情で結ばれました。ですからあなたはイエスと、「私たち友達だよね」と毎日確認しなくてよいのです。「私は神から見放されたのではないか」「神は私のことなど、もう忘れたのではないか」なんて、もう、人生で2度と思う必要はありません。安心して、ますます友情を育んでください。

贖罪

Atonement

　牧師となって駆け出しの頃、地域の牧師たちが定期的に集まる集会に参加していました。その席上である日、年配の牧師が「愛は雑巾のようだ」という説教をしてくれました。話の内容はほとんど覚えていません。しかし、その「愛＝雑巾」という言葉がかなり強烈で、それ以来忘れることができません。愛の「麗しさ、美しさ」と、雑巾の「汚れた、破れた、臭い」イメージが私の中でつながらなかったのです。加えて小学校の頃、汚れきった雑巾をバケツで洗う時に感じたヌルっとしたあの手触りが思い起こされ、背中がムズムズしました。

　今私は、「愛は雑巾のようだ」と語ってくれた当時の牧師さんの年齢に近づきました。そして今ならわかります。私も

思います。「愛は雑巾のようだ」と。

　さあ、ここに持ってきましたよ。

　Ａ図は新品の雑巾です。Ｂ図は数か月使用した雑巾です。

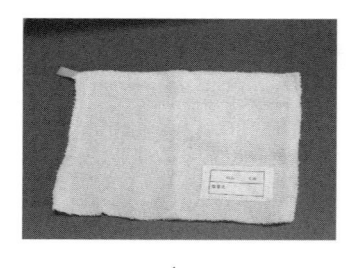

Ａ　　　　　　　　　　　　Ｂ

・どちらがきれいですか？

・どちらが欲しいですか？

・どちらが美しいでしょう？

（もちろんＡですよね。何と問われようとＡの勝ちに見えます。）

では、質問を変えましょう。

・どちらが貴いですか？

・どちらが立派ですか？

・どちらに「ありがとう」と言いますか？

（難しいですね。引き分け？　いやＢの勝ち？）

　最初の３つの問いは、若い頃の問いです。かつて私が牧師
の集会に出席していた頃、人生前半戦の問いです。一方、後
半３つの問いは、人生の折り返し点を回った、後半戦を生

きる時代に生まれる問いかけでしょう。

　もう一度B図を見てください。

　きれいでもない。誰も欲しいとも思わない。いつ捨ててもいい。しかし、何か貴く、立派で、ありがたい。なぜでしょうか。それは、Bの雑巾は「働き」、あなたの代わりに「汚れ」、あなたの手を守って「傷ついた」からです。

　汚れには2種類あります。

①自ら汚れた汚れ

　人を憎んだり、ねたんだり、いじめたり、いじめを見て見ぬふりをしたり、人の悲しみに無関心だったり、年齢とともに心の中に積み重なった見えない汚れです。

②元々きれいだったのに、他者の汚れを拭き取って身につけた汚れ

　本当は他人の汚れなのに、その汚れを拭き取ったから汚くなった。本当はある人が引き受ける傷なのに、その人を守るために負った傷があります。

　雑巾は、②の汚れです。ひたすら他者の汚れと傷を引き受け、汚れてしまったのです。その意味で、貴い汚れとも言えます。

聖書は、この雑巾のような、汚れを引き受ける「人」がこの世界にいると暗示します。

　「乾いた地に埋もれた根から生え出た若枝のように
　この人は主の前に育った。」（イザヤ書53章2節）

　あるところに「主の前に育った」聖なる人がいたようです。元々「この人」は一切汚れていなかった。ところが、

　「彼は軽蔑され、人々に見捨てられ
　多くの痛みを負い、病を知っている。
　彼はわたしたちに顔を隠し
　わたしたちは彼を軽蔑し、無視していた。」（同3節）

　「この人」はいつの間にか汚れ、傷つき、人々から軽蔑されます。しかし、聖書の著者は見抜きます。この人の汚れは②の汚れ、雑巾の汚れだと。

　「彼が担ったのはわたしたちの病
　彼が負ったのはわたしたちの痛みであったのに
　わたしたちは思っていた
　神の手にかかり、打たれたから
　彼は苦しんでいるのだ、と。
　彼が刺し貫かれたのは

わたしたちの背きのためであり
彼が打ち砕かれたのは
わたしたちの咎のためであった。
彼の受けた懲らしめによって
　　わたしたちに平和が与えられ
彼の受けた傷によって、わたしたちはいやされた。」

（同 4–5 節）

　ここに聖書の語る愛があります。

　愛と聞くと、誰かにプレゼントする、親切にする、抱きしめる、などを連想します。もちろんそれも愛でしょう。しかし究極の愛は、他者の汚れを取り去ること。雑巾のように、あなたの醜さ、私の意地悪さ、あの人の冷たさをきれいに拭き取る行為なのです。イエスはその究極の愛を伝えるために、死ぬ直前、弟子たちに体験授業をおこないます。

　「〔イエスは〕食事の席から立ち上がって上着を脱ぎ、手ぬぐいを取って腰にまとわれた。それから、たらいに水をくんで弟子たちの足を洗い、腰にまとった手ぬぐいでふき始められた。」（ヨハネ 13 章 4–5 節）

　粗末なサンダルで 1 日中歩き回った弟子たちの足です。泥やほこりがこびりつく、臭い足でしょう。その汚い足を次々とイエスが洗います。弟子たちの足はみるみるきれいになり

ます。しかしそれと並行して、たらいの水は濁っていきます。イエスの手ぬぐいも汚れていきます。

　弟子たちはきれいになるけれど、イエスは汚れていきます。

　弟子たちは気持ち良くなるけれど、イエスは不快な思いになります。

　弟子たちにとって、忘れられない原体験です。自分たちがきれいになるほどに、イエスが汚れていくのです。雑巾のように。

　この体験を土台に、翌日、弟子たちは十字架上で殺されたイエスの姿を目撃します。傷だらけ、血だらけ、ほとんど裸、糞尿は垂れ流し。多くの人は「軽蔑し、無視」したくなる姿です。しかし弟子たちは気づきます。「彼が刺し貫かれたのは、わたしたちの背きのためであり、彼が打ち砕かれたのは、わたしたちの咎のためであった」と。いや弟子たちだけではありません。十字架を見た多くの部外者も叫びます。「本当に、この人は神の子だった」！（マタイ27章54節）

　十字架は本来、汚く、破れだらけの、目をそむけたくなる状況を示します。しかしそれは私たちの最大の汚れ、罪をぬぐい取ってくれたからだ、とキリスト教徒は理解し、イエスこそ「十字架にかかって、自らその身にわたしたちの罪を担ってくださいました」（Ⅰペトロ2章24節）との主張を始めます。十字架は史上最高の「人類の雑巾」である、と世界に向けて発信し始めたのです。紆余曲折はありましたが、やがて教会は自らのシンボルマークに十字架を採用していきま

す。

　私は、初期のキリスト教徒の勇気に驚きます。先ほどの B 図の雑巾を思い起こしてください。もしもこの雑巾、私の内面の汚れを拭き取ってこれだけ汚れたとしたら、私は間違いなくこの雑巾、捨てます。だって自分の汚れを誰にも見られたくないですもの。しかし、イエスの弟子たちは自らの汚れの象徴、十字架を捨てませんでした。それどころか「見てください。私の罪を十字架が全部拭き取ってくれました。ここに私たちの罪と救いがあります。これが愛です。そしてこの愛こそが、人を救うのです」と宣言する行為に打って出たのです。

　その決断を 2000 年間継承し、教会は今も十字架を掲げます。この究極の愛の姿を、教会はやがて「贖罪」と呼ぶようになりました。

祈り

Prayer

　愛知県に住んでいた頃、私の住居の周りにたくさんの梨畑がありました。新鮮なおいしい梨を農家から直接、格安で買って心行くまで食べました。そのおかげで（？）のちに東京に引っ越し、スーパーで鮮度の落ちた梨を買って食べ、「高くてまずい」と思ってしまいました。

　参照基準という考え方があります。自分の中の当たり前の基準です。私の梨に関する参照基準、それは愛知県で農家から直接購入するあの梨。この高いレベルの味を知ると、他がまずく感じられます。

　一般によりおいしいもの、高品質のもの、居心地の良いものを味わうと、その人の参照基準、当たり前はそのクォリティの高いものへと移動します。そしてそこが参照基準点となり、それより低いものに出会うと満足できなくなるもので

す。

　そう考えると、次のパウロの言葉は謎めいています。

　「わたしは、自分の置かれた境遇に満足することを習い覚えたのです。貧しく暮らすすべも、豊かに暮らすすべも知っています。満腹していても、空腹であっても、物が有り余っていても不足していても、いついかなる場合にも対処する秘訣を授かっています。」（フィリピ4章11–12節）

　パウロは豊かさを味わい、満腹したことがあります。クォリティの高いものに十分触れてきたのです。ならばその体験こそが彼の参照基準点となり、貧しい暮らしや空腹は耐えがたいものになったのではないでしょうか。おいしい梨の味を知っているなら、そうでない梨には我慢できないはず、愚痴のひとつも言いたいでしょう。けれど、彼の言葉からそのような不満や愚痴は聞こえません。いったい、彼の参照基準、立ち位置はどこなのでしょう？

　確かに高校時代、最高の瞬間を味わった人は、高校時代が参照基準になり、今の自分がみじめに思えます。独身時代、仕事をしていた時、子育て中が輝いていたと感じる人は、打ち込めることもなく、時だけが過ぎている今に我慢がなりません。あの輝いていた時代（参照基準）から比べれば、今の

虚ろな時間が耐えられず、愚痴も出ましょう。

　でも、本当にこういう理解でいいのでしょうか。参照基準に遠く及ばない、暗い、憂鬱な今を過ごす私やあなたにしかできないことが、あるのでは？

　聖書学者、本田哲郎の言葉です[1]。
　「自分が落ち込んでいるとき、便所の百ワット電球みたいに、無駄な明るさの人がそばに寄ってくると、うっとうしいし、ありがた迷惑と感じます。それよりも、人から無視されるさびしさ、つらさ、悔しさを分かっている人が、そばにいてくれる方が、どれほどうれしく、元気づけられることか。人の助けを必要としていないとき、そこそこふつうにやっていけているときには、だれが声をかけてくれても、『ああ、ありがとう』といって済ませられる。それで何の問題もない。けれども、ほんとうにだれかの支えが欲しいとき、助けてもらいたいとき、ただ明るい人、喜びいっぱいの人というのは何の役にも立ちません。痛みを知っている人こそが、力を与えてくれるのです。」

　痛みを知っている人こそが、辛い立場にいる人を支えられる、参照基準から離れてしまったあなたこそ、誰かを支えられるのかもしれない——その時、明るい人（参照基準を満たしている人）は、あまり役に立たないようです。

1　本田哲郎『釜ヶ崎と福音』（岩波現代文庫版）岩波書店、2015 年、89 頁。

浪人の頃、予備校で漢文の授業がありました。70歳前後の増永先生。受験にあまり役立たないとのことで、大教室は10人ほどしか埋まりません。しかし時々、思い出したように味わい深い雑談をする人で、私はこの授業が好きでした。

　それは雨の日の授業でした。いつにもまして出席者はまばら。増永先生は突然板書をやめて、窓の外をチラチラ見ながら言いました。

　「お前ら浪人生。さびしいやろ。ひとりぼっちで。仲間たちはみんな大学生になって、ひとり取り残されてなあ。」（浪人生、みな下を向く）

　増永先生は窓の外の雨を見つめて続けます。

　「でも、来年の春には、新しい生活が待っている。いいもんや。そんな皆さんを私は毎年春に送り出す。わてなんか、お前らからも取り残されて、来年も予備校におるんやで。あんたらもさびしいかもしれんが、世の中にはわしみたいなもっとさびしい爺さんもおると思って、まあ、頑張んなはれ。」

　人気のないクラスの、さびしい先生でした。でもあのさびしさが、グラグラする19歳の私をそっと支えていました。その情景は今も鮮明です。

昔は友達がたくさんいたはずなのに、今はひとりぼっちになってしまった人。その孤独は無意味でしょうか。いや、神様はその孤独を用い、今しかできない働きを始めているのかもしれません。パウロはこのことを知っていました。だから嬉しくても悲しくても、豊かでも貧しくても、いついかなる場合にも「対処する秘訣」が備わっていたのです。

　私は何かと焦る癖があります。いつもゆったり構えたい、と思いながらそれができない自分が嫌いでした。だからずっとこう祈りました。「神さま、焦る心、はやる心を取り除いてください。」（A図参照）

　この祈りの背後には、次の考え方があります。「焦るのはいけないことだ。焦る自分は神様の役に立たない。焦らない、

ゆったりとした自分こそが正しい姿であり、参照基準点なのだ。」

しかし、今は考え方が変わりました。

貧しくても豊かでも、満腹していても空腹であっても、ゆったりしていても焦っていても神は働かれるのです。神によって全ては可能です。神様は、晴れの日に働いて、雨の日に休む方ではありません。「まどろむことなく、眠ることもない」（詩編 121 編 4 節）神様に、休業期間はないようです。ですので、今はこう祈ります。

「神さま、この焦る心もあなたに捧げますので、用いてください。この焦る私にしかできないことがあるのでしたら、このままお用いください。」（B 図参照）

考えてみれば、焦りまくりながらも今まで私は生かされてきたのでした。焦って失敗しても、周りが「しょうがないなあ」と言って手を差し伸べてくれた人生でした。それは焦る

私を、神が用いてくださったからでしょう。そう思ったとき、不思議に焦りは消えました。いや、焦りがそれほど気にならなくなりました。

　さびしいなら、さびしさを取り除くのではなく（どうせさびしさは、そう簡単に消えないのですから）いっそのことそのさびしさを神様に用いてもらいませんか。神は 3 色ボールペンしか使わない方でしょうか。12 色の色鉛筆で絵を描いて満足する方でしょうか。いや昨日も今日も、全ての色をお使いになる方です。明るい色、暗い色、全て価値ある色としてお用いになります。今日の、あなたのとびきり明るい色、私のめちゃくちゃ暗い色、全てがこの世界に必要なのです。

　そのことに気づくとき、私たちは「参照基準」から自由になります。貧しくても豊かでも「いついかなる場合にも対処する秘訣を授か」るはずです。

愛しているから必要

I need you because I love you

　秋葉原に行きました。コスプレした若い男性が立っています。金髪の女子高生風。彼は服装全体で「私を見て」と絶賛発信中です。SNS上に多くの若者が今日も自分の個人情報、写真や日記をアップします。危険です。でもリスクを冒してでも発信しない訳にはいかないのです。若者だけではありません。昔の自慢話を繰り返すおじいさん。子どもや孫の話に明け暮れるおばあさん。あの人を知っているこの人を知っていると人間関係の広さを自慢するおじさん。頑張って若作りするおばさん。自慢することがなくなったら、あそこが痛いここが痛いと病気の話を始める私……。

　結局、全ての人間は叫びたいのです。

「見てください、私はここにいます！」と。

　聖書の時代も同じです。

　ファリサイ派と徴税人、2人が神に向かって、「私を見てください！」と叫んでいる箇所があります。まずはファリサイ派に注目。

　「二人の人が祈るために神殿に上った。一人はファリサイ派の人で、もう一人は徴税人だった。ファリサイ派の人は立って、心の中でこのように祈った。『神様、わたしはほかの人たちのように、奪い取る者、不正な者、姦通（かんつう）を犯す者でなく、また、この徴税人のような者でもないことを感謝します。わたしは週に二度断食し、全収入の十分の一を献げています。』」（ルカ 18 章 10–12 節）

　彼は「自分の業績を見てください！」と叫んでます。彼にとって神様から注目を浴びる最良の手段は成功すること、つまり人生で獲得できるポイントをひとつでも多く手にすることです。
　「ポイントを集めて一定のレベルを越えたい、そうすればそこに達成感、幸せがあるに違いない」との教育を私たちは受けてきました。人生のたくさんのイベントも無意識にポイ

ントに換算しているかもしれません。いい学校に行く、5 ポイント。いい服を着る、3 ポイント。結婚する、10 ポイント。子どもをいい学校に入れる、新築を買って人もうらやむ生活をする。20 ポイント。ついに墓も手に入れた、あとは入るだけ！　30 ポイント！　延々と続くポイントカードの記入。どこで終わりになるかわかりません。ただ、ある 1 点まで行けば、幸せになれそうだ……とは思います。これがファリサイ派の人生観です。

では次に徴税人を見てみましょう。

「ところが、徴税人は遠くに立って、目を天に上げようともせず、胸を打ちながら言った。『神様、罪人のわたしを憐れんでください。』」（同 13 節）

？？？……うーん、彼は頑張ったけれどポイントが貯まらなかった人生？　いや、ポイントカード自体を紛失しています！　それでいて図々しくも彼は「何もない私を見て！」と言ってます。さてこの大胆な発想、どこから来るのでしょう？　それは彼の信仰から来るのです。彼は、神様がポイントカードではなく、人間の存在そのものに関心を寄せる方だと信じていたのです【▶ Lesson 1「2 つのパーティ」】。もしも神様がポイントの数だけに興味を示す方だと理解していたら、到底こんな祈りはできません。

ファリサイ派は「私のやっていることを見て！」と叫びます。ポイントカードを埋められる有益な人間、世の中から必要とされる人間だけが愛される。つまり人は「必要だから愛される」と考えています。

　一方、徴税人は「私そのものを見て！」と叫びます。人は「必要だから愛される」のではなく「愛されているから必要とされる」と考えています。

A　　　　　　　　　　　B

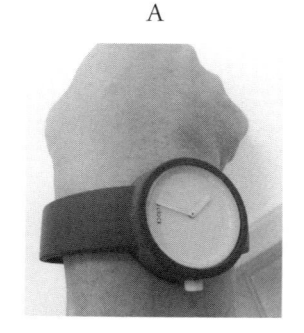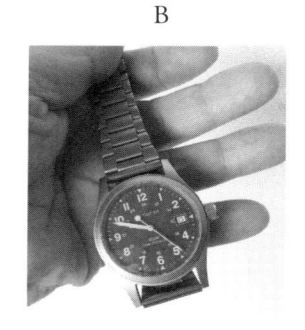

　さて、この愛用の時計 3000 円ぐらいでした（A図参照）。時間も正確です。しかし機械自体が壊れたら処分するでしょう。正確な時間を示し、私が求める性能を発揮する限り愛します。それが無くなれば捨てます。ということは、この時計を私は愛していますが、「必要だから愛している」のです。

　こちらの時計を見てください（B図参照）。手巻き時計。何度も直しましたが、また壊れました。動きません。分解修理に最低でも 2–3 万円はかかります。けれど捨てません。なぜならこれは妻との 10 年目の結婚記念日にお揃いで買った

時計だからです。私はこの時計、存在そのものを愛します。だから正確な時を示さなくとも、修理にお金がかかっても、時計としての機能を果たさなくなっても大事にします。「愛しているから必要」です。

　あなたは、自分自身、どちらの時計だと思いますか。Ａですか。必要だから愛されてきた自分だったでしょうか。勉強ができるから、かわいいから愛される。そうだったかもしれません。けれど、それだといつか勉強ができなくなった時、かわいくなくなった時、捨てられます。それを思うと、とても怖いですね。だから私たちは必死に正確な時を刻みます。正確な時を刻めなくなっても一生懸命、刻むフリをします。

　けれど誤解しないでください。
　聖書の神は、あなたをそのようには見ていません。神様は、あなたが正確な時を刻むから愛しているのではありません。神様は、皆さんを「愛しているから必要」としています。かわいくなくても、学校に行かなくなっても、仕事をやめても、正確な時を刻まなくなっても、しょっちゅう壊れても、修理にいくらお金がかかっても、傷だらけでも捨てません。だって関係ないでしょう。神は「あなたのやったこと」ではなく、「あなた」が好きなのだから。
　この大切な事実を知っていたのが徴税人なのです。だからイエスは徴税人を誉めます。

「言っておくが、義とされて家に帰ったのは、この人であって、あのファリサイ派の人ではない。」（同14節）

　この男こそ、一番大事なことがわかっている、とイエスは言うのです。

　残念なことにファリサイ派は、この点を見失っていました。確かに社会的には成功し、尊敬を集めていたでしょう。しかし「正確な時を刻まなければ捨てられる」との思いに追い詰められ、いつも震えていたのではないでしょうか。

　この世は厳しいところです。ファリサイ派のようにポイントを稼ぎ、電波時計のように正確な仕事をこなすことが求められます。ですが業績を求められる人ほど「たとえ私が壊れた時計のようになっても、神様は決して私を見捨てない」との信仰が必要です。そうしないと人は本当の意味で破滅します。

　若い皆さん、これから大いにチャレンジしてください。全力で人生のポイントカードを埋めてください。しかしそのためにも徴税人の信仰を忘れないでください。有能なあなただからこそ、いつでもこう祈れる人であってください。
　「神様、罪びとの私を憐れんでください。ポイントカードを紛失した私と共にいてください。壊れた時計、動かなくなった私を、その手で今日も大切に包み込んでください。」

逃げ道

Way out

　2017 年 8 月 23 日、東京都立特別支援学校の高校 1 年の男子生徒が、バスケットボールの部活中に意識不明の重体となりました。

　以下が経緯です。21 日の午後、顧問の男性教員（31）は練習中に校舎外周（450 メートル）を規定時間内で走るよう指示。更に規定内に走れなかった場合、超過分を走る「罰」を与えました。男子生徒は規定内に走れず、43 周分（約 19 キロ）走るよう命じられますが、21 周目で体調不良を訴え終了。そして 23 日午後、残っていた分を走りたいと申し出て走り始めますが、午後 4 時ごろ倒れているところが見つかり、救急搬送されました。当時の気温は 32 度。顧問たちは「障害がある子供でもハードルを越えることで育つと思っ

てやらせた」そうです[1]。

　ここには少なくとも 3 つの問題が考えられます。

　①真夏の 32 度で練習を強いる旧態依然とした非科学的なスポーツ指導。（私の高校時代は部活中、水も飲めませんでした。）

　②規定時間内に走れないことを「罪・反則 foul」ととらえ、「罰 penalty」を与える誤った倫理観。（スポーツにおける penalty とは「ゲームの秩序と公正、及び選手の安全を確保するため、全員が守ることを前提とした」ルールを、それでも破った場合に与えられるもの。例：サッカーのイエロー、レッドカード。規定時間内に走れないとはどんな罪なのでしょう？　100 メートルを 10 秒以内で走れないと罰を受けなければならないのでしょうか？）。

　③「ハードルを越えることで育つ（人間は追い詰めてこそ成長する）」との単純な教育観。

　とりわけ③に見られるように、日本の教育はまさに「死んでも逃げるな」を形にしている気がします。密室のコーナーに追い込み、逃げ場所を封じ、ハードルを越えさせる教育です。「越えられた」子どもは勝ち組ですが、「越えられなかった」子どもは負け組です。逃げ場を失った子どもにとって、最悪の場合、最後の逃げ道は「死」となります（A 図参照）。

1　『罰でランニング、高 1 重体』日本経済新聞、2017 年 8 月 25 日。

聖書の思想は、この「死んでも逃げるな」に対し挑戦します。なぜならその基本姿勢が「逃げてでも生きろ」だからです。死ぬぐらいなら、逃げろ！　最後まで生きる道を探せ！

「あなたがたを襲った試練で、人間として耐えられないようなものはなかったはずです。神は真実な方です。あなたがたを耐えられないような試練に遭わせることはなさらず、試練と共に、それに耐えられるよう、逃れる道をも備えていてくださいます。」（Ⅰコリント10章13節）

この言葉の前半部分は確かに「神は背負えない荷物は与えないのだから、追い詰められてもハードルを乗り越えよ」と激励しているように読めます。しかし後半、明確に「逃れる道」が用意されている、とも語られています。人生はどんな局面でもどんづまり、袋小路ではなく、逃れ道、抜け道、もうひとつの道が用意されていると言うのです。

つまり「この先生／彼／彼女しかいない！」とか、「この部活／バイトをやめてはいけない！」とか、「この進路選択／就職先を失敗したらもう終わり！」など、「○○しかない！」「○○がなければ道は閉ざされた、生きていけない！」ということは絶対にない、ということです。聖書は必ずもうひとつの道、逃げ道があり、そこに向かって進みなさいと背中を押してくれるのです。

　だから、嫌なら逃げてください。

　辛いなら、立ち止まっていいじゃないですか。

　「生きる」以外のことは、一度全部やめたってかまわない[2]。

　聖書には、そんな逃げた人々が大勢います。

・ヤコブ（創世記に登場。父や兄にひどいことをして逃亡生活を送る。）
・モーセ（出エジプト記に登場。殺人事件を起こし、エジプトから逃亡。）
・ヨナ（ヨナ書に登場。神様と考え方が合わず、神様から逃亡。）
・イエスの弟子たち（福音書に登場。イエスが十字架にかかっ

---

[2] 「部活を高校3年間続けたことで自信がついた。何事も継続が大事。だから、今やっている勉強、部活、バイトを辛くてもやめてはいけない」と自分を追い詰めている人にしばしば出会います。しかし、長く続けることは「目標」ではありません。それは「結果」です。体が悲鳴を上げているのに、それでも優先順位の1位に「継続」を置くことが賢明な判断だとは、私には到底思えません。

たのを見て、度肝を抜かれてことごとく逃亡。）

・初期のクリスチャンたち（使徒言行録に登場。迫害を受けて逃亡。）

　なぜこの人々は逃亡するのでしょう。追い詰められてもその場で踏ん張り「ハードルを越える」生き方を選ばなかったのでしょう。

　理由は簡単です。逃げた場所にも救いの「神」がいるのです。だから、逃げます。

　ヤコブは逃亡生活の中、夢の中で神に出会います。そしてその神が語ります。

　「見よ、わたしはあなたと共にいる。あなたがどこへ行っても、わたしはあなたを守り、必ずこの土地に連れ帰る。わたしは、あなたに約束したことを果たすまで決して見捨てない。」（創世記 28 章 15 節）

　ヤコブの人生の最後まで連れ添う神の決意がうかがえますね。

　またイエスの十字架を目撃して怖気（おじけ）づき、故郷のガリラヤに逃走しようと考えていたに違いない弟子たちに向け、天使が告知します。

　「あの方は死者の中から復活された。そして、あなたがたより先にガリラヤに行かれる。そこでお目にかかれる。」

（マタイ 28 章 7 節）

いやはや逃げても先回りしてイエスが待っているよ！との伝達。どこに行っても復活のイエスが待っている……弟子たちは嬉しかったか怖かったか、微妙ですが。

　「逃げることは負けだ」との考え方があります。そこには逃げた場所には何もない、「救い」などない、との思想があります。それに対し聖書は「逃げてもそこに神はいる」との思想で対抗します。逃亡先での「救い」の存在を否定しません。だったら、逃げるのも「アリ」です。と言いますか、逃げようが逃げまいが「救い」に関係ないのです。だから学校から逃げても、あの人と別れても、家を出ても、故郷を離れても、国境を越えても、決してひとりではありません。「決して見捨てない」と言う方が同伴されます。いつだって今日、ここに、「救い」の可能性が開かれています（B図参照）。

最後に、どこに逃げても神は共にいる、とうたった聖書の言葉を記します。

「どこに行けば
　　あなたの霊から離れることができよう。
どこに逃れれば、御顔を避けることができよう。
天に登ろうとも、あなたはそこにいまし
陰府に身を横たえようとも
　　見よ、あなたはそこにいます。
曙の翼を駆って海のかなたに行き着こうとも
あなたはそこにもいまし
御手をもってわたしを導き
右の御手をもってわたしをとらえてくださる。」

（詩編 139 編 7–10 節）

　どこにいても、いつだって見上げればそこにたったひとつの青い空があるように、どこに逃げようともあなたを「決して見捨てない」神が、今日もあなたと共に歩いています。

定義

Definition

　20代、障害者施設で6年ほど介助のアルバイトをしていました。

　心身に比較的重い障害をもつ大人たちがバスに乗って施設に通い、絵画、演奏、TVゲームなどの活動をおこないます。ゲームの時間は障害でコントローラーを持つことができない人に代わり、私がその人の指示に従いコントローラーを操作します。しばしば言葉が聞き取りにくく間違ってボタンを押し、怒られたり笑ったり。また私がよく担当した青年は、全身の麻痺と緊張のため、車いすに強くベルトで巻き付けないと体がそり上がり、車いすから落ちてしまいます。トイレ介助ごとに体全体を抱え上げ、また車いすに力を込めて座らせる仕事を日に何度も繰り返しました。

お昼過ぎ、バスが再び迎えに来てお別れです。

　このバイト先にある期間、福祉専門学校の実習生が訪れました。さすがに専門で学んでいるだけあり、てきぱきと仕事をこなし頼もしい限りでした。

　やがて彼女に実習最後の日が来ました。1日の仕事を終えて、通所者が帰宅した後、彼女がふと私に言いました。

　「あの人たちは何のために生きているんですかァ？」

　体が固まりました。そんな疑問、彼女の中ではすでに解決済みと思っていたからでした。だって彼女は福祉を専門に学んでいるのです。私が封印していた疑問が一気に目の前にさらされました。

　それから30年、あの彼女の問いを再び思い起こさせる事件が起きました。やまゆり園障害者殺傷事件です[1]。事件の一報を聞いた時、私は驚くよりも「ついに来たか」と感じました。早速マスコミは「命の大切さ」を訴えます。しかしそう訴えられれば訴えられるほど、白々しい思いになります。な

1　2016年7月26日、神奈川県相模原市の障害者福祉施設「津久井やまゆり園」に男性（26）が刃物を持って侵入、入所者19人を刺殺、26人が重軽傷を負った。

ぜならばマスコミを含め、私たちが以下の本音を隠しているからです。

「何のために生きているかわからない人間は要らない。税金を投入しても見返りのない人間は、社会のお荷物なので消えてしまったほうがいい。」

この不気味な BGM は聞き取りにくいのですが、いつの時代も身近に流れています。

・1999 年、石原慎太郎東京都知事は障害のある人たちが入所した施設を見た後「ああいう人ってのは人格あるのかね」と発言[2]。

・2015 年、茨城県の教育委員、長谷川智恵子氏は「3 か月の妊娠初期に、もっと（障害の有無が）分かるようにできないんでしょうか。生まれてからでは本当に大変。茨城県はそういう出産を減らしていける方向になったらいい」と発言[3]。

・野田聖子衆議院議員の息子さんは重い障害を抱えている。これに対しネット上に次のような意見が載った。「野田聖子は国家公務員だ。今、財政赤字で税金を無駄遣いしてはいけない、と言われている。公務員であるなら、医療費がかかる息子を見殺しにすべきじゃないか。」[4]

---

2 「ああいう人たちに人格あるのかね——石原知事　重度障害者の病院視察し、感想」朝日新聞、1999 年 9 月 18 日。
3 「長谷川教育委員：辞意　批判『重く受け止めた』」毎日新聞、地方版／茨城、2015 年 11 月 21 日。
4 「相模原殺傷事件　感じた嫌悪『いつか起きる……』　長男が障害持

あの実習生だけではありません。政治家も市民も、心の奥底に「役に立たない人は消えたほうがいい」との本音を隠しています。「どんな命も大切だ」と主張しながら、その根拠を問われれば人々は口ごもります[5]。

　もちろんそれでも私たちの多くは、このBGMに反論します。例えば以下のように――

・障害は個性である。多様性があることが素晴らしい。
・障害者を支えることを通して、人々はひとつになれる。
・私たちはみんないずれ障害を持つ。そんな自分たちの先

つ野田聖子衆院議員」毎日新聞、東京夕刊、2016年8月17日。
5　脊髄性筋萎縮症II型という重度障害で人工呼吸器ユーザーの海老原宏美さんは語ります。「あの〔やまゆり園の〕事件を受けて、可哀想だね、価値のない命なんてないのに、なんであんなことをするんだろうねって、みんな口々に言うけれども、じゃあ『なんで重度障害者の命に価値があると思うんですか』と逆に聞くと、ちゃんと答えられる人はいないんですよ。なぜその命が大事なのか。命が大事だということは、学校の道徳とかで習うけれども、なぜ大事なのかは習わないんですね。そんなものは一緒に生きていく中で感じとることだけれども、共に生きる環境がないから感じとれないし、誰も教えてくれない。その中で起きた事件なので、背景には複雑な環境があるのだろうけど、起こるべくして起きた事件なのかなと私は思っています。」（海老原宏美「社会にとって他人事でしかないやまゆり園事件をどう引き受けるか」、月刊『創』編集部編『開けられたパンドラの箱　やまゆり園障害者殺傷事件』創出版、2018年、136頁）

取りとして、障害を持つ人々を重んじなければならない。

　全て大切な反論です。これらを借り物ではない自分の言葉で発信できればと願います。と同時に、私は障害を持つ人々の生きる意味を「健常者」がどうにかして（ポジティブであれネガティブであれ）決定しようとする、その行動自体の危うさを思います。つまり、他人の生きる意味を、どうして私が定義することができるのかということです。

　仮にここで私があなたの生きる意味を定義したらどうでしょう。余計なお世話と思いませんか。誰だって「人生の意味」を他人から一方的に決められたらいやですよ。それなのに私たちは、障害者に対してはこれを平然と行います。まるでその人に「人格」がないかのように（A図参照）。

　「この人は何のために生きているのだろう……考えたのですが、重い障害を持っている方々はたぶんこういう理由で生きているのです。こういう視点から見れば、この人たちにも

生きる価値があります。」

　このような意味づけは、悪意がなくとも傲慢ではないで
しょうか[6]。

　どうしてもその人の生きる意味を定義したいなら、おそら
くそれが可能なのは、人間を創造した（創世記1章）神のみ
でしょう。「その人」をこの世に送り出した神は、その命の

6　日本聖公会の信徒で全盲の堀越喜晴さんは、キリスト教における
　障害者への対応について指摘します。「会衆席から、説教壇から、ま
　た関係の刊行物のなかから、しばしば〔障害者に向けられた〕こん
　な声が聞こえてくる。『あなた方は神様から大きなお恵みをいただい
　ているんですよ』……『障害は、神からの賜物です。ここにおられ
　る○○さんは溢れんばかりにそのお恵みを受け、日々戦いながらみ
　ごとにご自分の障害を克服していらっしゃるのです。私たちも見習
　いましょう！』。『神は障害者の側に立っておられる。いや、障害者
　のためにこそおられるのだと言ってもよい。神は、それほどに障害
　者やあらゆる弱者を偏愛されているのだ』。そして、あたかも『天に
　宝を積む』かのように、進んで障害者に奉仕しようとする。しかし
　この場合、障害者はどこまでも客体として『障害者』、ないしは『あ
　あいう人たち』という集合概念の内に閉じ込められ、それぞれに名
　字と名前を持った一個人として『私たち』の輪のなかの一員として
　認識されてはいない。そして、ことは往々にして正しく『授益者対
　受益者』の図式のなかで、当事者不在のまま一方的に行われる」（堀
　越喜晴「キリスト教およびキリスト教会のなかでの障害（者）理解
　について」、田島明子編著『障害受容からの自由』シービーアール、
　2015年、151–152頁）。与える者と与えられる者、定義する者と定義
　される者という一方向の力関係が、教会内でもこのように神学的に
　補強されています。

定義者でもあるはずです。

　では神の定義とは何か、パウロの言葉を通して確認します。

　「目が手に向かって『お前は要らない』とは言えず、また、頭が足に向かって『お前たちは要らない』とも言えません。それどころか、体の中でほかよりも弱く見える部分が、かえって必要なのです。」（Ⅰコリント 12 章 21–22 節）

　ここでの「体」は共同体、「部分」は人間を表します。これ以上ないほど明確に、神は「弱いところ、すなわち弱い人間こそ必要」と定義しています（B図参照）。

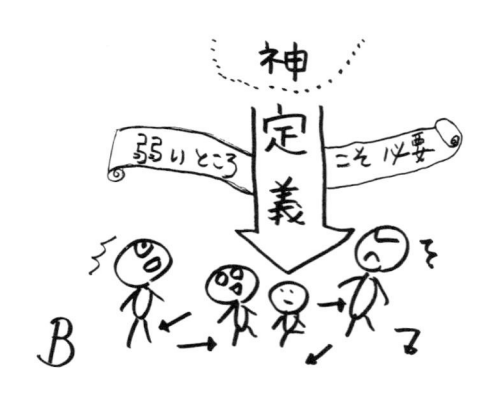

　なぜ、弱いところが必要？　きれいごとじゃなく納得のいく理解のためにもっと学び、対話を深めなければなりません。安易に結論を出したくないし、出せなくてもいい。しかし、まずはこの神の定義から出発しませんか。強い側にいる人々

がたとえ善意であっても、弱い側にいる人々の生きる意味を定義することには慎み深くありたいのです。だって誰が他人の人生に侵入し、その意味を判定する資格がありますか？東京都知事？　教育委員会？　ネットの住人？

　よって議論のスタートはここからです。
　「たとえどんなに美しい言葉であっても、私は他者から自分の人生の意味を定義されたくありません。同時に私も他者の人生を意味づけたりしません。なぜならそれができるのは、その人を創造した方のみだからです。」

　そしてその創造者が聖書で語ります。
　「弱く見える部分が、かえって必要」と。

十字架の神学

Theology of the cross

　私は大学を4年、おまけに半年という中途半端な留年を添えて卒業しました。その後しばらくアルバイト生活を続けて神学校に編入。こちらは留年せずに4年で無事卒業、キリスト教伝道者として最初の任地に向かった頃には、すでに28歳になっていました。

　その後、16年間地域教会の牧師として働くこととなりますが、常に苦しんだ事柄のひとつが「理想の自分」と「現実の自分」とのギャップでした。信徒を前にして説教では「信仰深い生き方」を話しながら、実際は「信じきれない自分」がいます。「神を信じることで仕事は成功、家庭も円満になった」などの事例を紹介しつつ、「仕事もプライベートも失敗と後退を余儀なくされる自分の姿」が悲惨でした。イ

エスの生涯、その十字架へと進む勇敢な生きざまに憧れつつ
も、到底真似できないとあきらめが先に立ちました。当時
の私にとってのイエスの十字架は、高い山頂にそびえ立って
いた感じです。私はその十字架に目標を設定し、何度も駆け
上がりました。そして毎度のように失敗し、転げ落ちました
（A図参照）。自分で設定した目標を、どれひとつ達成できな
い。これを繰り返していると、ほとほと自分が嫌いになりま
す。自尊心は低下の一途をたどります。

　ある時、本当に手痛い挫折を体験し、この山から転げ落ち
ました。もうこれより下はない谷底に落ちたのです。完全に
うつぶせの状態から、泥だらけの顔をゆっくり上げてみまし
た。手をつく地面の先へ恐る恐る視線を移しました。
　すると、その私がはいつくばっている地面の延長線上に、
初めて目にするみすぼらしい十字架が突き刺さっています。
更に目を上げると、そこにはりつけにされた、弱り切ったイ
エスがいるではありませんか。そのイエスが、私に息も絶え

絶えにこう言っている気がしました（B図参照）。

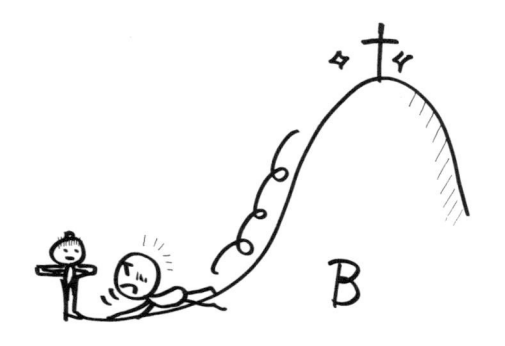

「お前はひとりか？」

「はい」

「私もそうだ。弟子たちはみんな逃げていった。……お前は中途半端か？」

「はい」

「私もそうだ。仕事の途中で、十字架につけられる始末だ。……お前はさびしいか？」

「はい」

「私もそうだ。どうやら私たちは仲間だ。どうだ、ここで、ひとまず私と一緒に絶望しようじゃないか。」

「……はい」

十字架は、山の上にあったのではありませんでした。谷底にあったのです。神の存在など期待できないこの場所で、私はひとりぼっちだと叫ぶこの地べたに、イエスが先に来て

待っていてくれたのです。2000年前、十字架にかかって死ぬ間際に「わが神、わが神、なぜわたしをお見捨てになったのですか」（マルコ15章34節）と叫んだイエスは、今も昔も谷底で、両手を広げて私たちを出迎える方でした。

　この谷底の十字架を見出した時、私は初めて「イエスに従おう」と素直に思えました。もしもイエスが山の上に定住する方なら、私はキリスト教信仰をとっくに捨てていたでしょう。この谷底で出会ったからこそ、私はもう一度立ち上がる力と希望を与えられたのです。

　この苦難のただ中で十字架、神の恵み、神が共にいることを信仰の眼差しで見出す学びを、「十字架の神学」とルターは呼びました。一方、山の上に十字架を見出す理性の営みを「栄光の神学」と見なしました。

　若き日のモルトマン【▶ Lesson 6「トモダチ申請」】は、ドイツ兵として第2次世界大戦に従軍しました。激戦の中、目前で多くの友人たちを失った彼の問いは「神よ、あなたはどこにいるのですか？」でした。それは「なぜ私は生きているのか？　なぜ私は隣にいた友のように死ななかったのか？」という問いでもあります。山の上にも平地にも、平和な街にも戦場にも「神」は存在しませんでした。しかも1945年ドイツの敗戦後、状況は更に悪化します。信じていた母国がおこなったナチスの犯罪を知らされ、生き残った負い目に押しつ

ぶされ、彼はスコットランドの捕虜収容所に入れられるのです。

　生きることは苦しみ以外の何物でもなかったモルトマン。ある日のことでした。従軍牧師がやってきて彼に1冊の聖書を渡します。彼は何気なく、その聖書を読み進め、先ほどのイエスの死の叫び「わが神、わが神、なぜわたしをお見捨てになったのですか」にたどり着きます。その時でした、彼にある確信が与えられます。

　この決定的な信仰体験を彼は以下のように記しています。

　「……マルコ福音書を読み、受難物語に来ました。『わが神、わが神、どうして私をお見捨てになったのですか』という、イエスの死の時の叫びを聞いた時、私は、わきあがる確信を覚えました。『ここに、あなた〔イエス〕を完全に理解した人〔モルトマン〕がいる、あなたの神への叫びに唱和し、あなたが今、まさにその中にいるのと同じ見捨てられた孤独を感じている人がいる』と。私は、試みを受け、見捨てられたキリストを理解し始めました。」

　何とモルトマンは、最も神を見出せないような場所で、聖書を通し、十字架上のイエスを見出し、イエスを理解し、イエスに共感し始めたのです。それだけではありません。逆にイエスこそが自分を「神の兄弟、道連れ、苦悩の友」として理解してくれている、との驚きの事実に目覚めます。彼は続

けます。

　「なぜなら、私は彼によって理解されていることを知った
からです。苦しみのただ中にある神の兄弟、あなたと共に、
この死の陰の谷を行く道連れ、あなたを、あなたの苦悩もろ
とも担う苦悩の友。こうして私は、再び生きる勇気を得まし
た。そして、『もはや苦しみのない神の広々とした空間』へ
とよみがえる大いなる希望が、徐々に、しかし確実に、私を
捕らえたのです。また、このキリスト認識は突然不意に訪れ
たのではなく、私にとっていよいよ重要なものとなり、そ
して私は繰り返し受難物語、特にマルコ福音書の受難物語を、
最も愛して読むようになったのです。……1945 年のあの時、
あのスコットランドの捕虜収容所で、イエスが私の魂のブ
ラックホールを訪ねて、私を見出してくださったのだと確信
しています。」[1]（圏点は筆者が加筆）

　モルトマンは、谷底に沈んだような捕虜収容所で、十字架
にかかったイエスと出会いました。モルトマンはイエスを
「完全に理解」し、イエスもモルトマンを理解します。それ
は互いの苦しみが共有され、真の友情がめばえたことを意味
します。彼は再生しました。新しい人生が力強くスタートし
たのです。その時、彼は 19 歳でした。

1　モルトマン、前掲書、57 頁。

神を信じたから全てが順調だ、とのメッセージはわかりやすいものです。信仰生活の対価として、利益が与えられることも何ら問題ないと思います。幸福や成功の中に神の栄光、信仰の素晴らしさを見出すのは、難しくないかもしれません。しかし聖書の神は「御自分を隠される神」（イザヤ書45章15節）であることを忘れてはなりません。神は、幸福や成功と対極の、「お前の神はどこにいる」（詩編42編11節）と嘲笑される世界のただ中に、ご自身を隠している場合があります。その中に神を見出す学びこそ、真の「神学」と呼ぶにふさわしいのです。

地の塩、世の光

The salt of the earth, the light of the world

「あなたがたは地の塩である。」(マタイ5章13節)
「あなたがたは世の光である。」(同14節)

　イエスがメジャーデビューした際の有名なスピーチを「山上の説教」(マタイ5–7章)と言います。簡潔ですが大変重要なイエスの所信表明です。その冒頭部分で語られたのが、この「地の塩」「世の光」の言葉。自分自身が「塩」であり「光」であることに気づきなさい、とイエスは人々に伝えます。

　自らが「塩」と「光」のような存在であることを覚え、その自覚にもとづいた生き方に招かれている──このイエスが語るところの意味を、塩と光の性質を通して考えてみましょ

う。どのような人間、存在を「塩」や「光」と見なせるのでしょうか。

①いなくなったときに価値がわかる存在。

　塩も光も日ごろ目立ちません。しかし、なくなった時、その存在の大きさを痛感します。料理の途中、塩を切らしていることに気づいたら、料理自体がストップします。手術の途中で停電したら、患者は命を失う危険すらあります。人間も同じ。いつもは目立たなかったのに、いなくなって初めてその存在の大きさに気づかされる、そのような人は、塩、光のようです。（一方、何かと目立ってはいますが、いなくなったらサッサと忘れ去られる人もいます……）

②他者を輝かせ、出会った人の力を引き出す存在。

　スイカに塩を振りかけると甘みが増します。塩がスイカの甘みを引き出してくれました。宝石を考えてみてください。みんながその価値を賞賛しますが、もしも光がなかったら、ただの石ころです。宝石の輝きは、光があってこそ生まれるのです。

　塩のように、自らの存在を消しつつ他者の能力を引き出す人がいます。光のように、自分が輝くためではなく、他者の存在を照らすために光る人がいます。

　自らに注目を集めるために光を発し、その存在をアピールする人、それはまるでライトアップされたタワーや看板、

24時間休むことを知らない電光掲示板、闇夜で輝く自動販売機のようです（A図参照）。

　一方、イエスが語る地の塩、世の光は違います。それは自らが目立つのではなく、他者の力を引き出すため、他者を輝かすために光を放つのです。もしくは昔の船乗りたちが頼りにした灯台や星あかりのように、人々を導くために光を放ちます（B図参照）。

③いつもセンター（真ん中）にいる存在。

　食堂のテーブル上には、塩をはじめとする調味料が置いてあります。見えるところに堂々と、わかりやすい容器に入って。塩は①②で述べたように目立たないのですが、その割にはいつも個性派ぞろいの各種調味料を押しのけ、堂々とセンターに位置します。塩は恥ずかしがって隠れたりしないのです。それは必要とする人に、すぐに見つけてもらうためです。

　お巡りさんが、交番の前で堂々と立っています。注目されたいわけでも、権力を誇示するためでもないでしょう。困っている人がすぐに声をかけられるよう、360度、どこからでも見えるよう立っているのではないでしょうか。テーブル上の塩のように。

　塩であり光である私たちも同じです。助けを求める人が見つけやすいよう、人生のいたる所で目立つ場所に立ちます。確かに私たちは自分が無力に思える時など、人前に立ちたくありません。自分の存在自体が恥ずかしく思え、目立たないところで、ひっそりと引きこもりたいものです。しかし、そんな私こそ神は必要としているかもしれないのです【▶ Lesson 8「祈り」】。ならば苦しい時、辛い時、あえて胸を張って、真ん中に立ちましょう。今日のあなたの助けを必要とする人がいますから。明日の新しい出会いが生まれますから。「気落ちした時こそセンターに立つ」、それが地の塩、世の光の生き方です。

④トレンドに流されない存在。

スーパーの塩売り場に行ってみます。変わりばえしない白一色の世界です。広告も控えめ。では次にお隣のドレッシング売り場に行ってみましょう。カラフルな世界に今日も派手な新商品がお出ましです。小さな画面が新商品を動画付きで宣伝しています。このドレッシング売り場に比べれば、塩売り場はあまりにも地味です。

数か月後、再び塩売り場を訪れます。前と何も変わりません。不動の売り場です。ところがドレッシング売り場は商品の入れ替えがあったようです。しかも売り場面積は狭められ、ハーブや香辛料が場所を占拠しています。あの新商品は跡形もなく消えています。

塩売り場は地味です。しかし時代や流行に流されず、いつでも不動のポジションで客を迎えます。時を超えて必要とされる存在ですから。もしも塩売り場がなくなるとしたら、それはそのスーパーが閉店の時です。

塩と光のような人とは、トレンドに流されず、いつの時代も、どんな場所でもどんな人々にも必要とされる人。それはまるで以下の詩に登場する「リーダー」のようです。

リーダーシップ ──作者不詳

ボスは部下をあごで使い、リーダーは指導する。

ボスは権力に頼り、リーダーは善意に頼る。

ボスは恐怖をあおり、リーダーは情熱をかきたてる。

ボスはいつも自分本位、リーダーは全体のことを考える。

ボスは仕事を命じ、リーダーは自ら模範を示す。

ボスは「時間通りに集まれ」と言うだけ、

リーダーは時間前に行って待っている。

ボスは物を壊すととがめ、リーダーは壊れた物をなおす。

ボスは仕事のやり方を口で言うだけ、

リーダーは実際にやってみせる。

ボスはあくせく仕事をやらせるが、

リーダーは楽しく仕事をやらせる。

ボスは「これをやれ」と命令し、

リーダーは「これをやろう」と促す。

何事にもリーダーは必要だが、ボスはいらない。[1]

この世界は日々ボスに苦しめられながら、常にリーダーを待望しています。日ごろは目立たなくとも①いなくなった時にその存在の大きさが痛感され、②メンバーの能力を十二分

1　A. V. ミッチェル、I. B. クロフォード『キャンプ・カウンセリング』兼松保一訳、ベースボール・マガジン社、1966 年、82 頁。

に引き出し、③雨の日も風の日も堂々と真ん中に立ち、④軽々しくトレンドに流されないリーダーを。そう考えると、地の塩、世の光とは、優れたリーダーシップ論だとわかります。

多くの社員から「リーダー」として慕われた社長さんが亡くなり、葬儀がおこなわれました。社員たちは深い悲しみに包まれました。

社長の親族が、ひとりの泣き続ける若い社員に聞きました。

「社長は、あなたにとってそれほどかけがえのない、大切な人だったということでしょうか？」

「いいえ。社長ではなく『私がかけがえのない存在だ』と彼は教えてくれたのです。あの人の前に立つと、いつも私は『自分を大切にしよう』と思いました。」

最終的に地の塩、世の光としてのリーダーは、出会った人々に「かけがえのない自分の大切さ」という視点をプレゼントします。その視点を得たものは、必ずや次世代のリーダーとして大きく成長することでしょう。

摂理

Providence

　「泣く人は泣かない人のように、喜ぶ人は喜ばない人のように、物を買う人は持たない人のように、世の事にかかわっている人は、かかわりのない人のようにすべきです。この世の有様は過ぎ去るからです。」（Ⅰコリント 7 章 30–31 節）

　この言い方を真似るなら、こうも言えます。
　「愛する人は、愛さない人のようにすべきです。」

　確かに聖書は「愛する」ことと「愛さない」ことの奇妙な両立を求めます。それは作家 C. S. ルイスが語っているように、愛を与えることの本当の目的、それは愛を受け取る側が、もはや受け取る必要のない状態になることだからです。つま

り「愛する人」はやがて「愛さない人」のようにならざるを得ません。ルイスは続けます。

　「われわれが子供を養うのは、子供がやがて自らを養うことができるようになるためである。われわれが子供に教えるのは、子供がわれわれの教えをやがて必要としなくなるためである。したがって、この与える愛には、辛い仕事が課せられる。それはそれ自体を放棄するために働かねばならない。われわれは、われわれ自身が不必要となることを目指さなければならない。『彼らはもはや私を必要としない』とわれわれが言いうる時がわれわれの報いであるべきである。」[1]

　この意見、心から同意します。
　でも正直言いますと、これはかなり私のような教師にとって酷な要求です。

　程度の差はあれ、多くの教師が子どもたちから「必要とされたい」と願って働いています。どんなに眠たい朝も、満員電車がこたえる日も、同僚とうまくいかなくても、子どもたちのキラキラした瞳を思い出せば、学校に足が向きます。教師という仕事に自信を失っても、自分を慕ってくれる生徒・学生がいることで、教師は再び勇気と力を取り戻します。私も何度経験したことでしょう。「もう辞めよう」と思った時

1　C. S. ルイス『四つの愛』蛭沼寿雄訳、新教出版社、1994 年、73 頁。

に限って、学生や生徒たちに励まされて立ち上がったこと
が！　そうです、教師は子どもたちに必要とされるからこそ、
やりがいもある。元気も出る。

　でも、いつの日か子どもたちは私のことを見捨てて旅立ち
ます。私の支えを必要とせず、成長して視界から消えていき
ます。そして何よりも、大人や教師はそのことを願って働い
てきたはずです。やっぱり愛する人は、愛さないように生き
るべきなのです。

　さて、このような観点から、東洋英和女学校 [2] 校長だった
イサベラ・ブラックモア（1863–1942）の卒業式での式辞を
読んでみます。

　「今から一五年、二十年、三十年ののちにあなたがたが今
日のこの時代を思い返して、なおかつ、あの時分が一番楽し
かった、一番幸福だった、と心底から思うようなことが、も
しあるとしたならば、私はそれをこの学校の教育の失敗だと
いわなければなりません。人生は進歩です。今日は昨日より
も良く、明日は今日よりもすぐれた生活へと、たえず前進し
て行くのが真実の生きかたです。若い時代は準備のときであ
り、その準備の種類によって次の中年時代、老年時代が作ら
れていきます。最上のものは過去にあるのでなく、将来にあ

2　現在の東洋英和女学院（東京都港区）。

りabます。旅路の最後まで希望と理想を持ち続けて進んで行く者であってください。」[3]

　ブラックモアは子どもたちが教師を必要とせず、自分の足で未来を切り開いて旅立った時、教育は成功したと語ります。逆に子どもたちが、いつまでも学校を必要とし「ああ、あの時分が良かった」と嘆くならば、それは教育の失敗だと言うのです。ここには「愛する」ことと「愛さない」ことの両立があります。子どもたちとの絆が教師の喜びでありながら、その絆を自ら断ち切るけじめがあります。ルイスが語るところの「辛い仕事」を敢然と引き受ける勇気が文面から伝わってきます。

　では、このような彼女の「両立」「けじめ」「勇気」を根底から支えているものは何でしょうか。それはおそらくブラックモアが持っていた「摂理信仰」、すなわち「今がどんなに辛くとも、最良のものを神は将来に備えてくださる」との信仰だと思われます。だからこそ彼女は、安易に過去を振り返る子どもたちの姿勢を、卒業の日に戒めるのです。

　旧約聖書にも次の言葉があります。

3　『カナダ婦人宣教師物語』、『カナダ婦人宣教師物語』編集委員会、東洋英和女学院、2010 年、50 頁。

「昔の方がよかったのはなぜだろうかと言うな。

それは賢い問いではない。」（コヘレトの言葉7章10節）

　私たちもしばしば「ああ、あの頃が一番楽しかった」と思い、過去を振り返ります。こんな時って間違いなく「現在」が苦しい時です。この苦しみと比べると、「過去」のあの頃の方が楽しかったと考え、かつて「愛し、愛された」思い出に浸ります（A図参照）。

　ところが摂理信仰は「苦しい時こそ前を向きなさい」と主張します。最上のものは過去にではなく未来にあると考えるからです。どんなに苦しい出来事も、時が来れば、神様が大きな喜びに変えてくれる。悪からすら善を生み出すことのできる神は、最終的に「万事が益となるように」（ローマ8章28節）整えます。「最良のぶどう酒は、最後に出てくる」のです（ヨハネ2章1–11節参照）。

　聖書にはこの摂理信仰を表す物語や言葉があふれています。

「涙と共に種を蒔く人は

喜びの歌と共に刈り入れる。

種の袋を背負い、泣きながら出て行った人は

束ねた穂を背負い

　　喜びの歌をうたいながら帰ってくる。」

（詩編 126 編 5–6 節）

　もしもこの言葉通りなら、苦しい時、私たちの心を、いつまでも楽しかった過去に置きっぱなしではいけません。現在の辛い「涙」を「喜びの歌」に変えてくれる将来へ、勇気をもって眼差しを向けてみます。将来の愛に期待し、現在や過去の愛から少し距離を置いた、思い出に執着しない生き方に方向を転換します（B 図参照）。

　摂理信仰は、その人の過去への執着を少しずつ取り除いて

くれるはずです。また「与える愛」＝「辛い仕事」への耐性をも与えてくれるでしょう。「生徒や学生が、この人やあの人が、もはや私を必要としない」——そんな厳しい別れの現実を受容する力を備えさせ、「愛する人は愛さない人のようになる」道筋を示してくれます。

Lesson 15

復活の朝

Resurrection morning

　34 歳で亡くなったフランスの哲学者、シモーヌ・ヴェイ
ユの言葉です。

　「おなじ言葉（たとえば男が女にいう「愛している」）でも発
せられる仕儀しだいで、卑俗にも高潔にも聞こえる。この仕
儀はそれらの言葉が発せられる領域の深さにもとづくので
あって、意志はなんの力もおよほしえない。」[1]

　例えば心の浅い部分をレベル 1、深いところをレベル 2、

1　シモーヌ・ヴェイユ『重力と恩寵』冨原眞弓訳、岩波書店、2017 年、
124 頁。

更に深いところをレベル3とします。「愛しているよ」がレベル1から生まれるか、2から生まれるか、もしくは3から生まれるかで、同じ音声でも意味は全く違ってくるのです。

　彼女は続けます。

　「そして驚くべき同調により、ある領域から発せられた語り手の言葉は、聴き手の呼応する領域の琴線にふれる。」

　私が「嬉しい」と言ったとします。その言葉がレベル1なら、皆さんのレベル1、心の表面にチョコっと乗っかるだけ。聞き流すレベルです。しかし2なら深いところにたどり着きます。3から生まれた言葉なら皆さんの3に重みを持って沈潜します。

　言葉とは、その生まれ出た場所と同じ深さの場所に落ちていくものなのでしょうか。

　復活したイエスの弟子たちへの第一声は「おはよう」でした。死んだはずのイエスが、3日目に現れて、愛する人々に心を込めて語る「おはよう」です。

　「婦人たちは……急いで墓を立ち去り……走って行った。

すると、イエスが行く手に立っていて、『おはよう』と言われたので、婦人たちは近寄り、イエスの足を抱き、その前にひれ伏した。」（マタイ28章8–9節）

　この「おはよう」はレベル1から出た言葉でありません。新入りの店員がマニュアル通りに繰り返す「おはようございます」ではありません。それは機械的な音声、自動販売機の「ありがとうございました」、車載ナビの「目的地に到着しました」と同様、私たちの心の表面を滑り落ちます（A図参照）。しかしイエスの「おはよう」はレベル3、最も深いところから生まれ、聴き手のレベル3に収まる言葉です（B図参照）。

このイエスのレベル3の「おはよう」がもつ意味を考えましょう。

　毎朝、おはようと言ってくれる人がいるとします。しかしその人がある朝、おはようと言わなかったら、とっさに私たちは何か異常なことが起こったと思うでしょう。ひょっとしたら昨夜、家族が交通事故にあったのかもしれません。もしそうなら、笑顔であいさつなどできない、いやそれどころか人はパニックになれば時間が止まり、今、朝なのか夜なのか、時間の感覚すら失います。時間が止まれば、今は朝で「おはよう」のタイミングだ、ということすらわかりません。

　逆に言えば、「おはよう」と誰かが今日も変わらず言ってくれるなら、それは「変わらない日常がここにある」という保証となります。例えばあなたが家族と夜ケンカしたとします。お互い口もきかない。でもあなたが悪かったから、一応寝る前に家族に謝ります。翌朝、食卓で顔を合わせる……とても気まずいですね。その時、家族がまだ黙ったままだったら、それはケンカ継続中という合図。しかし家族が笑顔で「おはよう」とレベル3から言ったなら、それはもはや機械的・表面的あいさつではありません。それは、「赦したよ。昨日と変わらない日常を保証しますよ」という心温まるメッセージとなります。

　イエスが十字架で殺された時、弟子たちは皆裏切って逃げ

ました。弟子たちはイエスの処刑を防げず、彼を見捨てて逃げたのです。弟子たちはどれほど気まずい朝を迎え、自責の念、裁きへの恐れに苦しんでいたことでしょうか。するとそのただ中に、復活したイエスが現れます。イエスと弟子たちは、朝の食卓で顔を合わせます。この場面で、もしもイエスが沈黙していたらどうでしょう。その沈黙は「私はあなたを決して赦さない」とのメッセージになり、恐怖が食卓を支配するでしょう。

　ところがイエスは沈黙しません。彼の第一声はレベル3の「おはよう」。「何も変わらない日常を保証する」とのメッセージが弟子たちの心に響きます。

　おはよう、それは変わらない日常の保証。安心しなさい。今日も昨日と変わらない、恐れずに出発しなさい、とのイエスの言葉。入学試験で緊張した子どもに、親がいつも通り声をかける「おはよう」。それは「落ち着いて。昨日と同じ今日だから、普段の実力を出しなさい」という励まし。突然の事故で家族を失った人に、周囲の人が静かに声をかける「おはよう」。それは「くじけないで。昨日と変わらず、私はあなたと共にいるから」という心からの支え。

　小学校3年の頃、仲良しのS君とケンカしました。100％、私に原因がありました。すぐ謝ればよいものを、それができません。家に帰り、明日はちゃんと謝ろうと思いました。だ

けど謝り方がわからない。まじめに頭を下げようか、ふざけて軽く謝った方が自然かな、手紙を書こうかな……。

　翌朝、ランドセルがいつもより重く感じられます。うつむきながら謝り方を考えて歩いていると、Ｓ君が誰かと、笑いながら背後から走り寄ってくる音が聞こえます！　謝るなら今だ。振り返って、ごめんねって言おうか。でも、まだ早いか。いや、やっぱり今がチャンスでは……そう思えば思うほど体が固まります。その時です。Ｓ君は追い抜きざま、私のランドセルを後ろからポーンと威勢よく叩いて言いました。

　「おはよう、塩谷！」

　レベル３からでした。その「おはよう」は、一瞬で私のレベル３に吸い込まれました。

　Ｓ君は、私を赦してくれたのです。もう一度私を、友達として受け入れてくれたのです。「塩谷、今日は昨日と何も変わらないよ。だから一緒に今日も遊ぼう！」私は気がつけば、一緒に走り出していました。

　私はＳ君に学びました。「おはよう」という言葉が、これほどに一瞬で世界を変えるということを。これは私にとって、人生で最も高価なプレゼントのひとつなのです。

　復活のイエスからの「おはよう」、それは私たちへの赦しの宣言。「くよくよしないで、もう一度やり直しましょう」との温かいお誘い。その言葉を聞いてどうします？　申し訳

ないとうつむきますか。「ああ、赦されなければいけない自分はなんて情けない」と落ち込みますか？　モジモジと恥ずかしがりますか。違います！　私たちも「おはよう！」と言いましょう、レベル3から。そして、一緒に走るのです、遊ぶのです。赦してくれた方と。

　若い皆さん、これから数え切れない朝を迎えることでしょう。そして繰り返し、自分で自分が赦せない、自責の念に苦しむ朝を迎えるかもしれません。でもそんなバッグの重さが肩に食い込む朝に、あなたがうつむいて家を出たとしても、それでもイエスは後ろから走り寄り、追い抜きざま背中をポーンと叩いて、レベル3からあいさつするはずです。

　「おはよう！（私はあなたを赦します！）」

　2000年前、弟子たちの前に復活した、あの朝と何ら変わらない姿で——。

　そのイエスを追ってあなたが毎朝走り出せますように、と心から祈っています。

　「どうか、主があなたを助けて
　　　足がよろめかないようにし
　まどろむことなく見守ってくださるように。
　見よ、イスラエルを見守る方は
　　　まどろむことなく、眠ることもない。」

（詩編 121 編 3–4 節）

聖書箇所一覧

あとがき

　当初、編集部から提案された本書の副題は「18 歳からのキリスト教」でした。

　「18 歳」、一般に高校を卒業し、選挙権も与えられ、大人へのスタートとしてはキリのいい年齢。でもそれは私にとって平板な印象を与える数字でした。むしろ高校を離れた 1 年目、19 歳が「私」のスタート。18 の春に言われてもわからなかった「問い」が、19 の秋には身に刺さる、それほどの変化を味わった季節でした。だから「19 歳〜」に変えました。
　実際、可能性を秘めつつ限りなく危険な 19 歳にどういうメッセージを届けるか、大学では試行錯誤を繰り返していました。学生たちの群れの中に、常に 19 歳の自分がいると仮定し、「かつての自分」に語りかけてきました。幸いにも私の話が理解されるや、学生たちは驚くほどに神学的テーマに深い関心を寄せ始めます。その姿に応答しようと、今回あえて「神学」関連の項目も入れています。

大学の半期の講義数が 13–15 回ですので、教科書風に、その回数のテーマを挙げています。個人のみならず、グループ、ワークショップ、授業で、順番を気にせず関心のある所から読んでいただいてかまいません。更に参加者の体験・物語を題材として加えるならば、各テーマをより「お好みの味」に発展させられることでしょう。

　本は、良き編集者との出会いで生まれます。今回も日本キリスト教団出版局の土肥研一さんが適切な励ましと示唆を与えてくださり、私をゴールまで導いてくれました。この本にもし「良いもの」があったとしたら、その背後に土肥さんの忍耐強いサポートがあります。また多忙の中、装丁を快く引き受けてくれた柿沼亜耶さんにもお礼を申し上げます。紙パックに描かれたおいしそうな絵柄と共に、牛乳は食卓へと届けられます。同様にこぼれ落ちかねない私の言葉を、彼女は確かな装丁で包み込み、読者の手元へ届けてくれたのです。

2019 年 1 月

塩谷直也

しおたになおや
塩谷直也

青山学院大学宗教部長、法学部教授。
1963年宮崎市生まれ。国際基督教大学教養学部卒業、東京
神学大学修士課程修了。日本基督教団中京教会、知立伝道所、
梅ヶ丘教会の牧師を経て現職。著書『信仰生活の手引き
聖書』、『うさおとあるく教会史』、『使徒信条ワークブック』
(以上、日本キリスト教団出版局)、『ひとりぼっちのオルガ
ン』、『なんか気分が晴れる言葉をください』(以上、保育社)、
『忘れ物のぬくもり』(女子パウロ会) 他。

視点を変えて 見てみれば
19歳からのキリスト教

© 2019 塩谷直也

2019年1月25日　初版発行

著　者　　塩谷直也

発　行　　日本キリスト教団出版局
　　　　　〒169-0051
　　　　　東京都新宿区西早稲田2-3-18
　　　　　電話・営業03(3204)0422
　　　　　　　　編集03(3204)0424
　　　　　http://bp-uccj.jp/

印刷・製本　河北印刷

ISBN978-4-8184-1020-6　C0016　日キ販
Printed in Japan

信仰生活の手引き　聖書

塩谷直也　著
●四六判／152頁／1300円

求道者、牧師、大学教員として聖書と向き合ってきた著者が、初めて聖書を手にする人を聖書の旅へと誘う。「触れる」「読む」「出会う」「生きる」「語る」の全5章を通して、知識から信仰へと導かれる。信仰者にとっては聖書の「触れ直し」となる一冊。

使徒信条ワークブック

塩谷直也　著
●四六判横／102頁／1000円

キリスト教信仰の土台ともいうべき「使徒信条」を、多様なワークや書き込みを行いながら体験的に学ぶ。キリスト教・聖書に興味がある方、改めて学び直したい方がグループで学ぶのに最適なテキスト。著者の楽しいイラスト入り。

うさおとあるく教会史

しおたになおや　著
●A4判変型／104頁／1800円

キリスト教2000年の歴史を学んでみたいけど、どの本も難しそう。そんなあなたにおすすめの一冊。古代から現代まで、さらに日本キリスト教史も。各時代の状況、その中で神に出会った偉大な信仰者たちの生涯を、楽しいイラストと共に学ぶことができる。